Police
mon amour

Du même auteur
aux Éditions J'ai lu

FLIC

N° 8528

BÉNÉDICTE
DESFORGES

Police mon amour

Chroniques d'un flic ordinaire

DOCUMENT

J'AI LU

http://police.etc.over-blog.net/

Pour Arthur, Philippe et Jean-Michel,
et pour tous les flics avec qui je partage ces histoires,
et tous ceux avec qui je les ai vécues.

« Si tu es prêt à sacrifier un peu de liberté pour te sentir en sécurité, tu ne mérites ni l'une ni l'autre. »

Thomas JEFFERSON

Les Anciens

Les Anciens, comme on les appelle, palabrent sous les arbres géants de leurs souvenirs et racontent. Il y a pour chacun des jours ou des saisons pour se rappeler, mais chaque jour ils pourraient cueillir un souvenir sombre ou lumineux, amer ou sucré, et le partager avec nous. On a tous eu des Anciens avec nous, et tous les Anciens ont eu les leurs. C'est ainsi que se transmettent les histoires et la mémoire de nos collègues.

Les Anciens sont comme des vieux Indiens. Ils se souviennent pour nous, et pour qu'on puisse raconter à notre tour. Ils aiment bien qu'on se réunisse autour d'un totem, et le totem, c'est souvent la cafetière. Ou dans un tipi, et le tipi, ça peut être une police-secours, mais on ne fait pas de feu de joie dedans. Des ennemis mettent quelquefois le feu à nos tipis, mais c'est une autre histoire. Une histoire de territoire ou de chefs, une histoire animâle.

Alors nous, jeunes papooses et guerriers initiés, on entoure les Anciens et on les écoute. Un mot, un nom ou une rue réveille leur mémoire. Et la rue se repeuple, et le nom redevient une âme de la tribu. Et ça vient tout seul, et on ne peut pas les arrêter. Parfois, ils racontent encore et encore la même histoire pour qu'elle devienne une légende. On sait que ça leur fait plaisir et que ça leur fait du bien, on les écoute comme la première fois, avec des yeux ronds, et on leur pose les mêmes questions. Parfois aussi, ils ne répondent pas la même chose, parce que le temps s'amuse avec les réalités. Et les Anciens s'amusent avec le temps parce qu'on n'était pas là pour savoir. Et puis, d'ailleurs, le temps a passé. Tout a changé. Les Anciens expliquent toujours que c'était mieux avant. Et quand ils racontent l'avant, c'est comme si on regardait un film en noir et blanc, même si la légende date de l'année dernière. Mais les Anciens sont déjà au passé simple.

Quand on part sur une piste avec un Ancien, il a le regard de ceux que plus rien n'étonne, et il nous montre des choses qu'on n'avait pas remarquées. « Tiens, tu vois les trous dans le mur ? Ce sont des balles. Deux collègues sont tombés là. » Et l'Ancien est triste parce qu'il a perdu des amis avec qui il buvait le café tous les matins, et que ce jour-là, comme les autres jours, ils s'étaient dit « À tout à l'heure ». Mais l'heure n'est pas venue. Alors l'Ancien parle d'autres collègues morts parce qu'ils habitent tous au même endroit de sa mémoire, et il se souvient qu'il n'est pas passé loin non plus. Et il raconte. Et après il parle de choses qu'on n'aurait pas pu voir parce qu'elles n'ont pas laissé de traces sur le sentier. « Hou là ! T'aurais vu la bagarre qu'il y a eu dans ce bar ! Les chaises volaient dans la rue ! Un type avait un couteau dans le ventre et ne s'en rendait même pas compte ! » Et chaque fois qu'on repasse devant le bar, on repense à la bagarre de l'Ancien, on imagine des chaises voler et on regarde le ventre des passants. Puis on raconte l'histoire à notre tour.

Les Anciens se rappellent aussi ceux qui ont été bannis de la tribu, et ceux qui sont partis parce que l'herbe est plus verte ailleurs. Là-bas, les tipis ne brûlent pas et on a le temps de raconter des histoires. Et un jour qui vient vite, les Anciens s'en vont, et on se dit : « Bientôt, il n'y aura plus d'Anciens. »

La patrouille

Ils sont deux, ils sont jeunes, et ils patrouillent rue Réaumur.

La police, ils l'ont rêvée depuis l'âge des revolvers à amorces qui sentent l'allumette. Ils le trouvaient impressionnant, le flic qui les faisait traverser devant l'école, avec son arme au ceinturon et sa casquette. Il avait l'air tellement grand, serein et invincible ! Et aujourd'hui, ils ont fait la même chose, devant une école comme la leur il y a longtemps, ils ont croisé le regard des tout-petits qui les détaillaient de la tête aux pieds. « Dis, maman, c'est un vrai pistolet qu'il a le monsieur ? » Et comme le flic de leur enfance, ils ont souri et ont dit oui avec les yeux. Les enfants, comme eux autrefois, étaient persuadés que s'ils n'étaient pas là, un flot de voitures les écraserait, eux, leurs mères, leurs copains et leur institutrice...

Premiers jours sur l'arrondissement et premières missions.

Ils ont des images plein la tête mais ce ne sont pas encore tout à fait les leurs. C'est tout ce qu'on leur a raconté quand ils sont arrivés, les histoires de la veille et celles d'avant, tout ce qu'ils ont écouté si fort qu'ils portent déjà en eux un bout de la mémoire des autres. Une histoire encore vierge et pourtant déjà familière.

Quittant l'école et son passage piétons, ils remontent tranquillement vers le commissariat. Il reste encore une petite heure de travail avant de raccrocher les uniformes au vestiaire. Ils marchent d'un pas égal et paisible. C'est agréable d'être entre soi, sans chef et libre de ses initiatives. Tout en échangeant quelques mots, leur regard encore neuf scrute la rue, déjà à la recherche des yeux qui se baissent ou des poings qui se crispent au fond des poches. Dans quelque temps, ils le feront sans même y penser.

En passant devant un bar PMU, ils aperçoivent face à la caisse un homme étrangement immobile. Il leur tourne le dos. Le tenancier est livide, les deux mains appuyées sur le comptoir, l'air incrédule. Un des deux jeunes gardiens de la paix donne un coup de coude à l'autre et lui désigne sans un mot la vitre dans laquelle la scène se reflète sous un angle différent. L'homme qui est campé devant la caisse tient à la main une arme de gros calibre qu'il pointe devant lui.

En un instant, tout ce qu'ils ont appris à l'école, toutes les histoires qu'on leur a racontées, tout ce qu'ils avaient imaginé des années durant les précipitent dans le bar.

« Police ! Ne bouge pas et jette ton arme !

— Les mains en l'air ! Recule ! Recule encore ! »

L'homme s'exécute. Il dépose son arme sur le sol, lève les deux mains sans se retourner et fait deux pas en arrière.

Les deux jeunes flics ont leurs armes braquées en direction de l'homme.

« Monsieur, dégagez de la caisse ! Dégagez ! dit l'un en s'adressant au caissier qui s'éclipse aussitôt vers le fond.

— Et toi, pose tes deux mains sur le mur ! Doucement, bordel ! Doucement ! »

Un des deux gardiens de la paix rengaine son pistolet, plaque brutalement l'homme contre le mur tout proche et, d'un geste sûr, lui fait reculer ses pieds, jambes écartées jusqu'à la limite du déséquilibre, avant de procéder à une palpation rapide.

Le braqueur, un homme de grande taille, de vingt ans l'aîné des deux autres, ne dit rien. Son visage n'exprime ni peur ni colère. Il regarde fixement par terre.

« Appelle un véhicule, du renfort, grouille ! » dit le jeune homme à l'autre, resté en sécurité sur le côté, l'arme pointée sur le grand type impassible qui ne dit toujours rien.

« Oui, oui, bien sûr ! Tout de suite !

— Et passe-moi tes menottes, j'en ai pas !

— Je... j'en ai pas non plus... Je... je... j'en ai pas eu... il n'y en avait plus...

— Merde ! Mais c'est pas vrai ! Appelle du renfort ! Putain, vite ! Vite ! »

L'homme, toujours les mains au mur, se met à rire doucement.

Le gardien de la paix crie dans la radio :

« TN, répondez ! TN, vous me recevez ? Urgent ! Collègues en difficulté ! Besoin de renfort ! Vol à main armée ! Urgent ! Urgent ! Mais répondez, bordel de merde ! Répondez !

— Passe-moi la radio ! Et surveille l'autre ! »

La radio change de main et l'homme rit toujours, face au mur.

« TN, est-ce que vous me recevez ?

— …

— Du renfort, TN…

— …

— Putain de TN de merde ! Tu me captes avec ma radio de merde ou quoi ?

— …

— La radio ne marche pas. »

L'homme éclate de rire. Il se redresse et se frotte les mains. Se retourne vers les deux jeunes flics hébétés, l'un la radio à la main, l'autre avec son arme qui retombe lentement au bout de son bras.

« Écoutez-moi bien, vous deux. Je viens de faire dix ans de trou et j'ai pas envie d'y retourner. Mais alors, vraiment pas du tout. Vous n'avez pas de menottes. Votre radio reçoit mais n'émet pas. Et mon flingue est par terre. Vous savez ce que je vais faire ?

— Heu… non.

— Eh bien, je vais partir d'ici », dit-il avec un grand sourire.

Et aussitôt l'homme s'élance dehors, traverse la rue en un éclair, saute sur une moto et disparaît dans la circulation.

Dans le bar, les gens n'ont pas bougé. Ils n'ont pas téléphoné non plus, n'ont rien compris de ce qu'il se passait. Le pistolet était par terre, à l'endroit où l'homme l'avait posé, une balle de 9 mm engagée dans le canon.

Grâce au signalement donné, la police judiciaire a arrêté le braqueur multirécidiviste quelques jours plus tard, à 6 heures du matin. Dans une chambre d'hôtel au-dessus d'un PMU.

Son truc en plumes

« Non mais faudrait savoir ce qu'on veut, non ? Port d'arme blanche, je te dis ! Et attention, pas une arme blanche de rigolo, un truc de tueur ! Je le chope à la sortie du métro, avec son gros sac qui n'a l'air de rien, et qu'est-ce que je vois ? La poignée d'un sabre qui dépasse ! Et l'autre, une bonne tête de racaille, les cheveux rasés, qui me regarde de haut en plus, avec son air de me prendre pour un con. Alors, qu'est-ce que je fais ? Eh bien, je lui dis de poser son sac par terre, mettre les mains contre le mur, reculer les pattes arrière, et je le palpe. Ouf, rien d'autre, heureusement. Et puis je lui demande si je peux ouvrir son sac, il veut bien. Je le menotte au cas où, hein, flagrant délit, t'aurais fait pareil, hein ? Et là dans le sac, des fringues, et un sabre gigantesque… Monsieur, vous allez venir avec moi au poste, je lui dis. Là, il se met à gueuler que non, que je suis un demeuré, que la police nationale est dans la panade, que ça se sent que je viens du fin fond du trou du cul de la France, et que je n'ai qu'à regarder ce qu'il y a d'autre dans son gourbi pour piger le coup du sabre. Donc, je mate le contenu du sac, et je tombe sur un petit chapeau ridicule avec des plumes. Alors là, je me marre, et je lui demande s'il bosse au *Moulin Rouge*. Le grand con me regarde bizarrement, il me dit qu'il veut aller au commissariat, et vite. Et là, j'attends. Je suis convoqué chez le commandant qui court dans tous les sens depuis un quart d'heure, et qui a l'air complètement furieux. Merde alors, ça ne fait qu'une semaine que je suis sorti de l'école et déjà des emmerdes quand je fais mon boulot consciencieusement…

— C'est vrai que t'es con, toi. Dis, t'avais pas la télé dans ton village ? Pas l'électricité peut-être ?

— Bah si, pourquoi ?

— Quel jour on est, là ?

— Bah, le 13 juillet, pourquoi ?

— Parce que, bougre d'abruti que tu es, tu viens de nous ramener un officier de Saint-Cyr qui débarque à Paris pour le défilé de demain ! »

Vingt-deux

Il était tranquillement installé devant la table et avait fait deux tas d'objets qu'il avait pris le temps de trier. Ce qu'il avait choisi d'emporter et ce qu'il allait laisser là. Sur le lit, dans la pièce à côté, il y avait également des piles un peu hétéroclites. Des vêtements, des livres, des petites babioles en porcelaine, des couverts argentés bien alignés sur l'édredon. Des bijoux aussi, des vrais et des faux. Il n'avait apporté avec lui que trois sacs vides. Deux grands sacs de voyage et un sac à dos qui étaient pleins au moment où on est arrivés.

On est venus à vingt-deux flics. Sans faire de bruit, pas plus que lui, qu'on a surpris en plein travail. On est entrés par la porte et par les deux fenêtres, et on a aussitôt rempli le minuscule appartement. On était vingt-deux et il était seul. Seul en train de cambrioler une petite vieille absente de chez elle, mais qui avait laissé un mot sur la table. *Si vous revenez me voler, s'il vous plaît, rendez-moi mon chien. Il me manque.* Comme on était vingt-deux et qu'il était tout petit et tout maigre, il n'a opposé aucune résistance quand on l'a arrêté et menotté. Il n'a pas même essayé de mentir ou de partir, il s'est laissé faire.

Nous, on n'arrivait plus à tenir et bouger dans cet appartement, d'autant plus qu'une patrouille du secteur nous avait rejoints. On n'y voyait déjà pas grand-chose ; à vingt-deux, c'était comme si on avait éteint la lumière dehors et dedans. Et on ne s'entendait plus, tout le monde y allait de son petit commentaire, discutant à deux, à trois ou à vingt-deux. Alors j'ai décidé qu'on descendrait tous dans la courette de l'immeuble, avant d'en désigner quelques-uns qui feraient les constatations. À vingt-deux, nous avons dévalé l'escalier en file indienne et, arrivés dehors, nous nous sommes mis sur deux rangs, le voleur au centre, nous avons souri et nous nous sommes pris en photo.

La veille, nous avions eu un gros arrivage de gardiens de la paix stagiaires, et, pour leur premier jour de service, j'avais pris l'initiative d'emmener mes petits en minibus estampillé police pour une visite guidée de l'arrondissement. Histoire de faire avec eux une cartographie des zones délinquantes, de la mémoire des rues et des peuples, du folklore, et aussi de l'ennui, plus couramment appelées points sensibles ou bitume. Chemin faisant, j'allais tenter de leur expliquer quelques particularités et codes de leur futur secteur, de les mettre en garde et les encourager à la fois. Ils étaient jeunes, impatients, curieux de tout, mais craintifs comme des débutants.

Et puis il y a eu cet appel radio. Cambrioleur en action.

« On est à côté, je prends !

— Vous y allez… à vingt-deux ?

— Affirmatif. À vingt-deux. »

La boîte de thon

C'était une petite galerie marchande comme il y en a parfois au pied des cités. La moitié des magasins étaient fermés, les rideaux de fer, désormais couverts de graffitis, étaient baissés depuis des mois sur des commerces qui ne tenaient pas longtemps face à la précarité et à la délinquance. Il restait un bazar tenu par un Pakistanais, quelques enseignes inconnues qui vendaient des vêtements à bas prix, un cordonnier et un bar ouvert sur la rue, avec ses quelques tables en plastique délavé et des parasols déployés en toute saison pour avoir l'air plus gai. Tout au fond de la galerie, il y avait un petit supermarché où nous nous rendions ce jour-là pour y chercher un voleur qui avait été arrêté en flagrant délit par des vigiles.

Les quelques adolescents qui traînaient là, adossés aux murs des magasins morts, nous regardaient passer, le regard mauvais, en marmonnant des mots auxquels nous préférions ne pas prêter attention. Ils devaient avoir une vague idée de la raison de notre venue et de nos pas pressés dans l'allée crasseuse de leur havre de fortune.

Nous sommes passés au-delà des caisses du supermarché, et un grand type arborant le badge d'une société de sécurité nous a invités à le suivre jusqu'au bureau du directeur du magasin, où le voleur avait été conduit. Nous avons monté un escalier et sommes entrés dans une pièce dont l'unique fenêtre donnant sur les rayons et les caisses était masquée par un store à lamelles.

Assis sur une chaise, face au bureau et à l'écran d'une caméra de surveillance, un tout petit enfant sanglotait. Il avait six ans.

« Où est le voleur ? avons-nous demandé.

— C'est lui, ont répondu d'une même voix le directeur du magasin et le vigile, en désignant le gamin.

— Qu'est-ce qu'il a volé ?

— Une boîte de thon.

— Une boîte de thon ?

— Oui, une boîte de thon qu'il a mise dans sa manche. On a tout vu. On l'a chopé à la sortie.

— Il était tout seul ?

— Tout seul. Pas de complices. Sale petit con. »

On regardait tous la boîte de thon sur le bureau. Une boîte de thon sans marque, vendue à l'unité, de ces produits qu'on place tout en bas des rayons parce qu'ils sont les moins chers, que l'emballage est laid et ne donne pas envie.

Le gamin continuait à pleurer et hoqueter, avec plein de larmes et de morve sur le visage.

« Monsieur, on va emmener le môme. Affaire sans suite, on est d'accord ?

— Ah mais non, certainement pas ! J'en ai ras-le-bol de tous ces merdeux, ces nègres et ces bougnoules qui viennent me faire chier et me piller tous les jours ! Je vais déposer plainte.

— Ce n'est qu'une boîte de thon, vous n'avez pas mieux à vous mettre sous la dent comme voleur ?

On va s'emmerder à faire une procédure pour une boîte de thon piquée par un mioche qui pisse encore au lit ?

— Mais j'en ai rien à branler, moi ! C'est votre boulot ! »

On est repartis avec l'enfant.

J'ai attrapé sa main, mais il s'est senti prisonnier.

On a traversé ainsi toute la galerie marchande dans l'autre sens vers la sortie.

Le petit pleurait, essayait de m'échapper. Mais il fallait bien l'emmener pour le rendre à ses parents.

Les jeunes nous ont encore regardés, mais ils ne disaient plus rien. Seuls leurs yeux nous tiraient dans le dos.

Moi, je regardais vers nulle part, j'avais juste un voleur de six ans à mes côtés, un voleur de boîte de thon, qu'aucun mot ne calmait et qui, la bouche grande ouverte sur une dent de lait manquante, hurlait : « Maman ! »

Dans la voiture, en route vers le commissariat, il s'est un peu calmé, on l'a rassuré comme on a pu, on a essayé de le faire rire. Et c'est là qu'il nous a dit qu'il avait faim.

Le local à poubelles

Il y a eu un temps où l'on aimait bien visiter les locaux à poubelles. Comme d'aucuns qui apprécient les musées et les expositions, nous avons eu une phase de fascination et d'addiction pour ces pièces sombres et puantes qui pouvaient se transformer en des lieux de découverte et de grands émois policiers.

C'était aussi un temps et une ville où les « maisons de quartier » n'existaient que dans les projets des décideurs qui habitent loin de là. Ou bien, si un petit local s'était vu offrir la vocation d'accueillir la jeunesse des cités, rares étaient ceux qui étaient prêts à s'en charger. Alors, il présentait porte close ou murée aux gamins. Et comme il faut bien parfois s'abriter pour jouer, parler fort ou faire des conneries, les locaux à poubelles étaient les endroits de tous les loisirs et des mille trésors en bas de chez soi.

On avait ainsi établi, dans les cités où l'on passait, une sorte de cartographie des locaux à poubelles qui avaient développé une vie sociale.

On y rencontrait aussi bien des joueurs de tarot, des joueurs de billes que des voleurs se partageant des butins sous le faisceau de lampes électriques.

L'avantage pour nous était alors l'effet de surprise et l'absence de fenêtre comme moyen de filer.

Ce jour-là, dans un local à poubelles semblable aux autres, il n'y avait personne. On avait vaguement farfouillé du bout de la matraque autour des containers et dans les boîtiers électriques éventrés et, à part de vieilles seringues et deux moteurs de mobylettes rouillés, on n'avait pas trouvé de signe de délinquance récent.

Un de mes collègues observait attentivement une poubelle.

« Il y a des traces de pas sur la poubelle.

— Incroyable, dis donc. Allez, viens, on se tire.

— Oui, mais il y a une trappe au-dessus de la poubelle. Je vais regarder ce qu'il y a dedans. »

Il s'est hissé sur le couvercle et a soulevé l'abattant de cette trappe.

« Ah, la vache ! Passez-moi une lampe, je crois que c'est la caverne d'Ali Baba. »

Alors on est tous montés un par un, pour voir. Il y avait là, soigneusement alignés, des pains de haschisch, des dizaines de barrettes, des doses d'héroïne, un peu d'herbe, une balance et une petite caisse métallique contenant de la monnaie.

« Bon, qu'est-ce qu'on fait maintenant ?...

— On a le choix. Soit on reste là et on charge le premier qui entre, mais on peut se tromper...

— ... soit on revient en civil demain, on se planque et on attend l'heureux gagnant...

— ... soit on revient demain et il n'y aura plus rien parce qu'on nous a vus entrer.

— C'est le risque à prendre.

— On fait quoi alors ?

— On revient demain. »

En rentrant au service, nous sommes tous les quatre allés voir l'officier qui a consenti à ce qu'on se mette en tenue civile, regrettant toutefois qu'on ait laissé sur place son bonheur de remplir une ligne de sa feuille d'activité du jour. Mais nous, on se fichait d'avoir de la came sous scellés et transformée en statistique. Ce qu'on voulait, c'était cette came, avec le nom du dealer et les nôtres sur un procès-verbal.

Le lendemain soir, nous sommes donc retournés dans la cité. Un collègue et moi sommes entrés les premiers dans le local à poubelles, bras dessus bras dessous, comme un petit couple en quête de cachette. C'était l'heure du dîner, l'endroit était désert, et nous nous sommes cachés dans la trappe qui était un accès vers un immense imbroglio de tuyauterie et de câbles, aussi long que le bâtiment, mais trop bas pour qu'on puisse s'y tenir debout. Toute la came était là, telle qu'on l'avait vue la veille. Les deux autres nous ont rejoints dix minutes plus tard, après s'être assurés que nous n'avions pas été repérés. Et on a attendu. On est restés silencieux, accroupis dans le noir à écouter la porte s'ouvrir, les couvercles de poubelles claquer, et à respirer à chaque fois les relents qui montaient jusqu'à nos narines.

Au bout d'une heure, on a commencé à avoir des crampes. Au bout de deux heures, on a eu faim, malgré l'odeur des ordures. Au bout de trois heures, on a commencé à bâiller et à en avoir assez, à se dire qu'on était venus pour rien. Et puis on a entendu des voix sous nos pieds et nos genoux endoloris. Ça discutait, ça marchandait, ça négociait à voix basse. La trappe s'est ouverte sur un rai de lumière, une main s'est glissée et a saisi quelques doses d'héroïne. De nouveau plongés dans le noir, on a entendu « Au revoir, à demain » et la porte se refermer. On avait loupé l'acheteur, et on n'a pas bougé. Le manège du dealer s'est renouvelé plusieurs fois. Il connaissait à la perfection l'ordonnancement de son petit commerce. Sans regarder, il plongeait la main dans son stock, servait ses clients et rangeait sa monnaie dans la caissette. Pendant ce temps, on écoutait, attendant le meilleur moment pour sortir. Quelques toxicomanes se sont attardés, et c'est cet instant qu'on a choisi.

On a ouvert la trappe en grand et on a sauté sur le sol l'un après l'autre. J'ai raté la poubelle, et j'ai atterri dans les bras du dealer.

« Police ! Personne ne bouge, personne ne sort, et tout le monde met ses mains contre le mur. »

On a poussé une poubelle contre la porte, on a rallumé la radio et on a demandé du renfort pour nous aider à ramener nos amis du soir au commissariat. Ils étaient cinq, hébétés de notre soudaine apparition, nous qui sortions du plafond tels des pères Noël dégringolant sans grâce d'une cheminée crasseuse.

« J'ai rien fait ! J'ai rien fait ! » clamaient-ils d'une seule voix.

Quatre d'entre eux étaient dramatiquement usés par la drogue. Le dernier avait encore l'argent des autres à la main et gémissait qu'il n'était là que pour sa consommation personnelle.

On a embarqué tout le monde et saisi une belle quantité de produits stupéfiants.

Quelque temps plus tard, nous avons retrouvé le dealer en correctionnelle et avons été entendus par le juge. À peine avais-je levé la main droite et juré de dire toute la vérité, et rien d'autre, qu'une voix s'éleva du box des accusés.

« C'est elle ! Je la reconnais ! C'est elle qui a mis la came dans mes poches ! Monsieur le juge, je suis innocent, c'est un coup monté, croyez-moi. »

Le juge a demandé au jeune homme si le produit de la perquisition qui avait eu lieu chez lui était aussi un coup monté, et sa pauvre défense s'est aussitôt effondrée. Il a pris un an, dont huit mois ferme.

À sa sortie de prison, il est revenu dans la cité et nous l'avons revu. Il avait bien vécu sa détention, il n'avait pas l'air de nous en vouloir tant que ça. Il nous a simplement dit : « J'ai joué, j'ai perdu. Je serai moins con à l'avenir. » Et puis il est monté dans une très belle voiture blanche, blanche comme la poudre, et a démarré en nous saluant de la main.

Train de banlieue

Commencer la journée par un suicide sous le train, il y avait mieux.

Il faisait un sale temps d'hiver, le jour n'était pas encore parvenu à se lever de ses draps sombres. Le ciel était gris, et un vent glacial soufflait fort.

Il leur avait fallu parcourir à pied les derniers mètres jusqu'au train arrêté en plein champ, et les deux policiers pressaient le pas sur l'herbe râpée et au-dessus des flaques d'eau gelée. Le conducteur du train les attendait à côté de la locomotive, les yeux rougis par le froid et la mine hagarde.

« Je n'ai vu qu'une ombre immobile, debout entre les rails. Et puis il y a eu un choc. J'ai freiné mais ça ne servait plus à rien. Je suis presque sûr que... »

L'homme s'était effondré en pleurs, c'était la première fois que ça lui arrivait. Au dépôt, on lui en avait bien raconté quelques-unes, des histoires comme celle-ci, on lui avait bien dit qu'on n'y pouvait rien, jamais rien, et qu'un jour ou l'autre, ça finit par arriver à chacun d'entre eux. Il le savait que les suicidés des trains ne veulent pas d'une moindre chance d'en réchapper. Mais rien n'y faisait, il reniflait, hoquetait et tremblait tant qu'il pouvait en disant :

« Ça va passer, ça va passer... »

Les deux flics s'étaient regardés, et puis s'étaient éloignés en enfilant leurs gants.

« Bon, eh bien, on va aller retrouver le corps.

— Ou ce qu'il en reste.

— Ou rien du tout.

— Ou si peu.

— Croisons plutôt les doigts, qu'on n'ait pas deux kilomètres à faire... »

En remontant le long des wagons, ils avaient regardé sous le train avec leurs lampes-torches. Les passagers essuyaient la buée sur les vitres pour les regarder faire. Puis ils avaient continué en suivant la voie, avançant de part et d'autre des rails, en marchant lentement et en balayant le sol du regard.

Il faisait froid, la pluie se remettait à tomber, glaciale et piquante sur les rails qui filaient vers l'horizon.

« Un bras.

— Quoi ?

— J'ai trouvé un bras. »

Un bras arraché, jeté sur la terre froide. C'était un bras de femme, une frêle main blanche, du vernis écaillé aux ongles et un anneau d'or au doigt, avec une petite perle rose.

« Merde. Elle est bien jeune celle-là...

— Bon. Je repère où on est, et je demande au collègue de l'Identité judiciaire de nous rejoindre. »

En silence, ils avaient encore avancé pendant de longues minutes, et trouvé des lambeaux de vêtements accrochés aux ronces. Un peu plus loin, l'autre bras et une chaussure qui saignait. Et enfin, le corps, torturé et vomi par le train dans un fossé en contrebas de la voie ferrée.

Toujours sans dire un mot, ils s'étaient alors rapprochés l'un de l'autre au bord de ce fossé pour contempler ce qu'il restait de cette femme, et de ce choc avec le train.

Dans ce même instant muet, une voiture de police se garait au bout d'un chemin à une centaine de mètres de là, une portière claquait, et le gars de l'I.J. enjambait une barrière avec sa mallette à la main.

« Ah. Le voilà.

— En attendant qu'il arrive et se prépare, je vais quand même aller voir si cette pauvre fille avait des papiers sur elle, on gagnera du temps. »

Il avait sauté dans le fossé, et s'était approché et accroupi près du corps.

« Ah non… Ah non. Non. Non.

— Qu'est-ce qui se passe ?

— Non. Non, non, non… »

Et, levant les yeux vers l'autre resté au bord du fossé, avec une voix qui se vrillait dans sa gorge et un regard perdu, il avait dit dans un souffle :

« Dis-lui que… je ne sais pas quoi. Dis-lui qu'il reparte.

— Au collègue ?

— Oui. Dis-lui… n'importe quoi. Vite ! Dis-lui de partir ! »

Il n'était pas sûr de bien comprendre. Et puis celui-là, là-bas, qui avançait dans les herbes raidies par le gel, avec son matériel dans sa petite valise à bout de bras. Et l'autre qui maintenant était agité de frissons au fond du fossé, à côté du cadavre.

« Mais pourquoi ? Pourquoi ?

— Parce que c'est sa femme. »

La fleur de bitume

Je marche lentement à la lisière du caniveau en évitant de poser le pied sur les lignes entre les pavés. Arrivée à l'angle de la rue, je traverse et je longe la barrière en faisant marcher mes deux doigts sur le cylindre métallique, comme un petit bonhomme bancal sans tête. Le funambule aux jambes roses saute pour atteindre la barrière suivante et continue sa marche absurde. Sur le trottoir d'en face, je recommence ma déambulation sur les pavés en sens inverse. Je fais attention parce qu'ils ne sont pas tous de la même taille. Les plus grands sont au-dessus du ruisseau qui disparaît vers l'égout. Ce côté de la rue est au soleil et des petits cristaux brillent dans les pavés. Ils doivent être en granit, ils me rappellent un cours de géologie en classe de sixième. Feldspath, mica, quartz. Oui, c'est ça, et c'est le quartz qui brille. C'est étonnant que ce genre de souvenir reste parce qu'au fond, la composition du granit, ce n'est pas essentiel. Moins que les tables de multiplication de 7, 8 et 9, pour lesquelles je n'ai toujours pas le compte de doigts, surtout vers la fin. Mais feldspath, mica, quartz, c'est resté. Dans ma mémoire comme dans les pavés. Il y a peut-être une mémoire minérale et indestructible. À l'autre bout du trottoir, je traverse sans poser les pieds sur les bandes blanches et je regagne l'ombre. Et je recommence. Jusqu'aux quatre barrières qui ferment la rue. Le bout des deux doigts de ma main gauche est noir de la poussière de la ville. Je mouille de salive le mouchoir en papier que j'ai au fond de la poche et j'essuie les pieds du bonhomme avant qu'il reprenne son exercice linéaire. Je m'arrête en vis-à-vis de la bouche d'égout du trottoir d'en face, je fais une boulette compacte du mouchoir en papier, je vise le trou et je rate ma cible. Dommage, j'avais fait un vœu. Je vais retenter le coup et je ferai un deuxième vœu. Pas grave pour le premier, je n'y tenais pas tant que ça. Je vais aller ramasser la boulette sans modifier mon circuit. Je me baisse, le dos droit comme si j'étais sur une poutre, et je récupère mon projectile. Si c'était l'automne, par terre il y aurait des marrons à foison. On est en juin. Il y a une petite plante sauvage à mes pieds. Elle a poussé entre le goudron de la rue et le pavé du caniveau. Elle a dû envoyer ses racines loin en dessous, en direction des égouts, pour trouver un peu d'eau, un peu de terre, un peu de matière organique pour engraisser son arrogante petite fleur jaune qui nargue la poussière. De l'autre côté du trottoir, vivent derrière leurs hauts murs blancs ceux qui ont d'élégantes racines aristocratiques. C'est le quartier des belles vues sur le bois et des jardins en herbe domestiquée. Je fais demi-tour, et je continue dans le sens trigonométrique. Il me faut retenir l'ordre inverse des pavés. Je pense que j'ai tourné autant dans un sens que dans l'autre. Le bonhomme aux pieds sales cueille la fleur qui me nargue, alors je m'arrête près des barrières. Je lui fais le coup de la marguerite, mais les pétales de la sauvage sont tout petits. J'ai les ongles sales. Un peu, beaucoup, passionnément, à la folie. Un peu, beaucoup, à la folie. Un peu, à la folie. Pas de juste milieu.

Je regarde ma montre, elle est arrêtée. Personne n'est passé depuis que j'ai commencé à compter les pavés. Ça doit faire huit heures que je garde cette rue déserte.

Là-bas, au-delà du bois, un jeu se termine sur la terre battue. J'attends.

Patrouille de filles

Quand j'étais le lieutenant de permanence du dimanche, j'aimais bien patrouiller avec une fille. C'était mon incontournable rituel, mon caprice décidé d'avance pour ces tournées plus longues que celles des autres jours de la semaine. Je trouvais ça reposant, apaisant. Une fille, ça fait moins de bruit, ça gesticule moins, ça ne rigole pas dans les basses fréquences en mettant des grands coups de patte sur le tableau de bord, ça n'ouvre pas la vitre pour hurler : « Et ta chiotte, papy, tu la dégages ou faut que j't'aide avec un décapsuleur ? » Une fille dans une voiture de police, ça fait joli, ça peut prendre une voix d'hôtesse de l'air sur les ondes, ça contredit les préjugés. Et puis, ça sent bon une fille, ça chlingue rarement des arpions ou des aisselles. Et quand on passe plus de huit heures en voiture à ratisser quatre arrondissements en plein été, ça y fait et pas qu'un peu.

Une paire de filles, c'était vraiment la patrouille idéale du dimanche.

C'est ma copine Pascale que je préférais comme équipière, une ex-championne de boxe française, férue des méthodes alternatives de l'analyse transactionnelle. Je me disais qu'entre sa force de persuasion, son coup de pied fouetté et mon mawashi, en cas de baston, on ne s'en sortirait pas forcément moins bien que deux vieux collègues bedonnants et bas du derche.

Un dimanche, donc, où j'avais magouillé à l'avance avec mon chef de brigade pour qu'il me colle Pascale en chauffeur de ma voiture d'officier, on était en ronde sur le district, devisant gaiement dans nos effluves de patchouli et de vanille, quand un appel radio nous est parvenu. Il s'agissait de se rendre au Parc des Princes en renfort et, une fois sur place, de prendre contact avec le commandant d'une compagnie de CRS.

Je ne me souviens plus de ce qu'il y avait là-bas ce jour-là, un match de foot ou un concert, mais un gros dispositif de maintien de l'ordre commençait à être mis en place pour la soirée. Nous nous sommes donc annoncées, nous dirigeant vers les beaux quartiers, et Pascale fit gracieusement brailler les pneus autour de la place de Clichy pour foncer vers l'Étoile, son avant-bras hâlé à la portière et ses bouclettes voletant autour de son visage rond.

Arrivées au Parc des Princes, nous avons commencé à chercher la CRS avec laquelle nous avions rendez-vous, en roulant au ralenti le long des dizaines de cars stationnés et en essayant de repérer le numéro de la compagnie qui nous attendait. Nous étions tout à nos recherches quand on a entendu une voix tonitruante au-dessus de nous.

« Ohééééé ! Oh ! les pépettes ! »

C'était un CRS hilare, penché à la fenêtre d'un car, en gobe-sueur et bacchantes au vent, qui nous hélait.

« Voilà bien notre chance, j'ai dit à Pascale, on se fait alpaguer par une section de CRS du Nord. Ils sont terribles, que des sous-baloches qui parlent ch'ti et qui ont voué leur âme et leur corps au maintien de l'ordre et au bitume. »

Et l'autre continuait :

« Waaah ! hé, ho, les mecs, venez voir, y a deux filles, y a deux fiiiilles dans une voiture de poliiiice ! »

J'ai de nouveau levé les yeux vers le car et je l'ai vu, entouré de deux clones tout pareils, grassouillets et moustachus.

« Mais ils sont cons ou quoi, ces têtes d'enclume ? a dit Pascale.

— Bouge pas, je vais leur demander », je lui ai répondu.

Je suis descendue de notre joli carrosse sérigraphié en bleu, blanc et rouge.

« Vous êtes cons ou quoi ? Et le respect ?

— Ah ! Le respect... Le respect ? Le respect ! Aaaah, les filles ! Vous montez dans le car ? Miam miam ! »

Je me suis penchée vers Pascale et je lui ai dit qu'à vue de nez, ils étaient complètement mûrs et chauds bouillants, et qu'il valait mieux partir dignement avant d'atteindre des limites disciplinairement irréversibles.

Je me suis redressée de toute la grandeur de mes galons et leur ai lancé :

« Messieurs, vous avez tous des tronches à bouffer des tartines de saindoux trempées dans un bol de bière au petit déjeuner, souffrez que nous prenions congé à l'instant. »

Nous les avons laissés à leurs mines déconfites et avons vite rejoint la CRS 1 de Vélizy, celle des escortes présidentielles, effectifs rasés du jour avec les oreilles bien dégagées, autrement plus distinguée.

Ma petite pute

La voiture bouge dans tous les sens.

D'abord, de loin, on a cru qu'il y avait eu un accident, le pare-chocs était collé contre un arbre, entre le bois et la route.

Et puis on a vite compris, parce que par là ça tapine sévère. Foin des scénarios catastrophe, pourquoi imaginer l'accident, si ce n'est à cause de celui de tout à l'heure, qu'on a encore à l'esprit... Alors nous restons là, à attendre on ne sait quoi, ou on sait trop bien quoi. Juste pour s'amuser. Se détendre. Penser à autre chose, voir un truc marrant, surprendre par notre présence et s'en rincer l'œil. Rien de plus. Elle est drôle cette voiture qui bouge toute seule, qui se secoue bêtement contre un arbre, comme dans une masturbation mécanique et bucolique.

Nous, on ne dit rien, on ricane. Bêtement aussi.

La voiture se calme. Enfin. Elle tressaille un peu, frissonne d'aise, animée par un ballet d'ombres pressées et compressées, trop serrées sous la loupiote jaune. Les portières s'ouvrent, ensemble en harmonie, et la voiture respire en même temps que finissent les orgasmes clandestins.

On ne sait même plus pourquoi on est là. Mais le carton de tout à l'heure, on l'a oublié.

« Tout va bien ? Pas de problème ?

— Tout va, répond la pute.

— Bonsoir, jeunes gens, je vous laisse en délicieuse compagnie, et moi je trace la route », dit l'homme en nous adressant un signe et un clin d'œil complice, puis soufflant un baiser au creux de sa main vers la petite pute. Il remonte alors dans sa voiture, qu'il décolle de son arbre à plaisir, et repart entre les terrains de foot et les bords de Seine.

La fille s'étire en soupirant, elle sourit et enfouit quelques billets au fond de son sac. Elle est jeune et elle est belle. Pas même vulgaire.

« Alors ? Vous nous matiez ?

— Ah non, on ne faisait que passer. »

Elle rit, s'étire encore, les bras tendus vers la nuit, se cambre, avec son cul rond provocateur et ses seins qui narguent toutes les tristesses du monde.

« Mais bien sûr… »

Un de mes mâles compagnons du soir a le regard d'un petit animal renversé, charmé, prêt à être mangé par la belle.

« Je t'offre un verre après le boulot, si tu veux. En tout bien tout honneur, évidemment.

— Non, dit-elle. Non, répète-t-elle, c'est elle que je veux. »

Et elle s'avance vers moi, ondulant, mimant son trouble miroir, battant de ses cils fardés noir nuit bleue et souriant en rouge cerise.

Elle s'approche très près et dit encore : « C'est toi que je veux », avec une voix rauque à chanter du jazz. Et je ne bouge pas, je ne dis rien, en bestiole captive, sous l'emprise de l'ambiguë surprise. Et du jazz de ma tête.

« Toi, tu ne veux pas ? »

Elle tend la main vers moi, la petite pute, ça va vite, et me caresse la joue, de deux doigts doux, langueur de la tempe à la pommette, aux commissures des lèvres, qu'elle effleure plus lentement. Je ne bouge pas.

« Non ?

— Salope ! »

Et on rit. Et je pense aux mains des hommes.

Et je sais à quoi elle pense.

Acharnement thérapeutique

C'était une avenue Charles-de-Gaulle comme il y en a tant.

Mais celle-là, si droite et tellement longue, semblait avoir été faite pour accueillir des avions bien davantage que des voitures. S'il n'y avait eu des trottoirs et des piétons, les arbres se seraient couchés au sol, et cette avenue se serait prise pour une piste d'atterrissage.

Des dizaines de milliers de voitures empruntaient chaque jour cette balafre sur la banlieue, rectiligne entre Paris et un pont de la Seine et large comme une autoroute. Orientée d'est en ouest, elle accueillait le soleil sur l'un de ses horizons, et le faisait tomber dans l'autre à l'heure de pointe.

À l'horloge des heures de travail, la circulation se fluidifiait, et les voitures roulaient de plus en plus vite. La géométrie de la ligne droite dans l'axe du soleil aurait pu être un décor de cinéma. Les perspectives qui s'étendaient loin devant, et les multiples symétries qui allaient rapetissant et convergeant autour de la ligne blanche, étaient un appel à la vitesse. Et peu nombreux étaient ceux qui se privaient d'en faire excès.

Mais c'était compter sans les voies transversales et les feux tricolores qui ponctuaient le tracé de l'avenue. Là-bas, il n'y avait pas de tôle froissée et d'automobilistes vociférant et se disputant une priorité, ou palabrant sur la couleur du feu. Il n'y avait pas non plus de piéton pétrifié à quelques centimètres du capot d'une voiture venant de freiner à ses pieds. Non, il n'y avait que des accidents graves. Chaque piéton renversé était un piéton mort, quand un bolide n'en attrapait pas deux d'un coup.

Une collègue m'avait raconté en avoir sorti un gisant sous un camion sur cette avenue. Arrivé trop vite au feu rouge, le poids lourd avait freiné sans parvenir à s'arrêter à temps, et les deux roues jumelles du train avant étaient passées sur l'homme et l'avaient écrasé. Le jeune flic qui se trouvait avec elle n'osait pas s'approcher, appréhendant le poids du corps, sa consistance, et craignant de malmener le cadavre. Et c'est elle, petite et menue, avec ses ongles rose bonbon, qui avait tiré l'homme vers la lumière. Sa tête ressemblait à une pizza, m'avait-elle dit, et son cynisme ayant étouffé le dégoût, elle avait fait les constatations d'accident avec l'équipage de la police-secours qui prenait les mesures autour des restes du pauvre homme sans tête, et du routier, effondré des conséquences de son imprudence.

Une triste comptabilité ayant été dressée des accidents graves sur l'avenue Charles-de-Gaulle, nous avons été conviés, certaines soirées, à effectuer des « opérations feux rouges » pour calmer les ardeurs des automobilistes adorateurs de la ligne droite. Cette mission consistait à stationner à un carrefour et à observer la circulation en amont, ainsi que les franchissements de feux rouges. Quand le cas se présentait, nous faisions signe à la voiture de s'arrêter et verbalisions le pilote. Nous nous accordions toutefois une marge de manœuvre et d'indulgence, parce que, s'il était impossible de verbaliser les dizaines d'infractions que nous constations chaque soir d'opération, selon que le feu fût rouge clair ou rouge foncé, franchi au pas ou à vive allure, nous nuancions également notre réponse entre le faut-faire-trèèès-attention-la-prochaine-fois et la prune en bonne et due forme.

Tous les styles d'automobilistes se présentaient à nous. Il y avait les penauds qui, de bonne foi, avouaient leur inattention : « Je ne l'ai pas vu, j'ai pas fait gaffe, je pensais à autre chose, je suis navré. Si, si. » Les catastrophés : « Vous vous rendez compte ? Je travaille avec mon véhicule, j'ai besoin de mon permis de conduire, je vous en prie, je vous en priiiiiiiiiiiie ! » Les menteurs : « Mais il était vert, enfin ! » Les demi-menteurs : « Il n'était pas orange ? Ah ? Ah non ? Ah, pourtant, je l'ai vu orange, moi. » Les aveugles : « Un feu ? Où ça ? » Les ambassadeurs : « Corps diplomatique ! », et ils s'en vont, et on les regarde partir. Les collègues : « PJ 78, on est en filoche, bonne soirée la roupane ! Ha ha ! Go ! » Et ceux qui ne s'arrêtaient pas et que nous prenions en chasse. Il pouvait alors s'agir de véhicules volés, ou transportant à leur bord des gens ou des matières suffisamment louches pour justifier un refus d'obtempérer.

Et il y avait les sales cons.

Un soir j'ai eu le mien, un vrai prototype du sale con multiforme. On l'a vu arriver de loin celui-là, vite, très vite, slalomant entre les voitures.

« Regarde ça là-bas !
— Un feu...
— Deux feux...
— Trois feux rouges, allez, c'est bon, il est pour toi, chacun *ton* tour ! »

J'arrête la voiture qui pile violemment et à grand bruit de freins et de pneus. Je me dirige vers le conducteur tandis qu'un collègue fait le tour du véhicule de l'autre côté. On ne sait jamais.

L'homme baisse sa vitre et me toise.

« Non, mais sérieusement, vous n'avez que ça à foutre ? Faire chier le monde alors que des petits vieux sont peut-être en train de se faire agresser en ce moment ?

— Bonsoir, monsieur. Oui, là, présentement, je n'ai que ça à faire en effet. Vous savez pourquoi je vous arrête ?

— Mais non, j'en sais rien ! Parce que vous êtes payés à emmerder le monde, c'est ça ?

— Non, monsieur. Vous venez de franchir trois feux rouges. Au mépris du danger, si vous pouvez entendre ce genre de considération.

— Les feux ? Ils étaient orange et, de toute façon, il n'y a personne à cette heure-là ! Mais vous avez de la merde dans les yeux ou quoi ?

— Baissez d'un ton et présentez-moi permis de conduire, carte grise, attestation d'assurance.

— Ça va durer longtemps, vos conneries ? Putain de blaireaux de flics de merde !

— Comme je viens de vous le dire, je n'ai que ça à faire ce soir. Alors oui, ça peut durer, vous pouvez même couper le contact. Vos papiers. »

Pendant que le type lance ses imprécations vers le ciel, qu'il maudit la fonction publique et toutes les polices fascistes du monde et, prenant à témoin les trottoirs déserts, nous qualifie de tous les mots qui désignent habituellement la déficience mentale, je m'éloigne et contrôle ses papiers, en m'obligeant à rester stoïque et à garder mon sang-froid autant que possible.

« Alors, elle a fini ses petites vérifications, la poulette ? Elle a fait ma petite contravention sans faute d'orthographe ?

— Elle a essayé, mais elle n'a peut-être pas fini avec vous. Votre ceinture de sécurité, elle est en option quand vous roulez ?

— Ah ! parce qu'un feu rouge, ça ne vous suffit pas ?

— Je suis oisive et gourmande. Trois feux rouges et défaut de port de la ceinture de sécurité. D'autre part, d'après vous, c'est votre freinage en urgence, à distance déraisonnable de mes jolies chaussures administratives, qui a fait griller votre feu stop à droite ?

— Il est grillé ?

— Oui. Grillé, cramé, cuit, rectifié, il ne s'allume pas. En revanche, vos phares, on les voit bien. Ça fait combien de watts ces trucs-là ? Parce que ça m'a un peu aveuglée, voyez-vous...

— ...

— Je ne voudrais pas avoir l'air d'insister, mais la vignette d'assurance, où est-elle ? Collée sur le frein à main ?

— Heu... Chez moi, probablement. Vous plaisantez là ?

— Que nenni, je n'ai aucun sens de l'humour quand je bosse. Tiens, votre plaque d'immatriculation avant est vraiment dégueulasse, elle est illisible. C'est pour les radars qu'elle est dans cet état de crasse ?

— C'est vous qui êtes dégueulasse... Salope, même.

— Si vous le dites... Mais je ne relève pas l'outrage, je préfère les feux rouges. Maintenant, je vais vous demander encore un peu de votre temps, parce que j'ai quelques procès-verbaux à remplir. »

Et je lui ai collé toutes les contraventions que je lui avais énumérées. Je ne crois pas que ça me soit arrivé une autre fois. Pas à ce point-là, en tout cas.

En fait, je n'avais cessé de penser à l'homme dont la tête avait été transformée en pizza, exactement à cet endroit.

Travailler, c'est trop dur

Nonchalant, paresseux, il l'était. Et sans aucun complexe.

Il avait émargé une sale note de ma part. La note minimale pour laquelle je n'aurais pas de rapport à fournir, une note mauvaise mais discrète, je ne pouvais pas mieux faire pour lui. Il ne m'en avait même pas voulu. Tout lui semblait cohérent entre sa note, le travail qu'il rechignait à fournir, son activité, ses absences et ses retards. Mais il était adorable. C'était un gardien de la paix avenant, souriant, d'une correction extrême, mais tellement feignant que l'expression de ses multiples qualités ne concordait jamais avec une quelconque initiative de sa part.

La première fois que j'ai eu à porter une appréciation sur son activité, j'avais rusé. J'avais consigné à côté de sa note un commentaire qui évoquait ses nombreuses compétences, supposées mais inexploitées. *Gardien de la paix possédant de bonnes connaissances professionnelles qu'il ne met toutefois pas suffisamment à profit*. Ou quelque chose de ce genre. L'année suivante, j'ai paraphrasé tant que j'ai pu, tirant ma phrase creuse dans tous les sens pour sembler avoir quelque chose à dire de lui. Mais c'était par pure sympathie ; il n'était vraiment qu'un aimable touriste déguisé en flic.

Mieux que ça, sa seule présence paraissait suffire à plonger tout un équipage de police-secours dans une sorte de molle léthargie et à alléger les comptes rendus d'activité de façon surprenante.

Il fallait toutefois reconnaître que, s'il ne faisait vraiment rien, quotidiennement et invariablement rien, il ne faisait rien de mal non plus. Il s'épanouissait donc avec bonheur dans l'accomplissement de certaines missions boudées par les autres, toutes celles où l'immobilité est requise...

C'est ainsi qu'un jour, lui fut confiée la garde d'un squat muré. Les briques étaient fraîchement posées, et il fallait impérativement la présence d'un gardien de la paix jusqu'au séchage complet. Sans quoi, les malicieux squatteurs auraient vite fait de déloger les briques des ouvertures et de réinvestir les lieux.

Plutôt que de se rendre sur place à pied – ce qui aurait pu le mettre, chemin faisant, en situation de verbaliser un véhicule, renseigner un passant perdu, ou procéder à toute autre minuscule intervention sans importance –, il était monté dans un autobus. Il était sûrement allé s'asseoir au fond, discrètement, avec la casquette sur les genoux, pour se faire oublier. Et là, il avait dû poser son menton dans sa main, son front contre la vitre, son regard au-delà des murs, et rêver à des pays imaginaires où il n'est pas nécessaire de travailler, et où le repos est loi.

Rêvait-il encore, ou un bruit particulier l'avait-il réveillé quand le bus s'est arrêté au feu rouge, il ne l'a bien sûr pas mentionné dans la procédure.

Il a juste vu, au coin de la rue, presque sous ses yeux, un homme brandir un poignard au-dessus d'une femme, et le baisser. Une fois. Puis une deuxième fois. Et il a vu la femme tomber en se tenant le visage, et de nouveau l'homme lever le couteau en se penchant vers elle. Ramassant sa casquette, ses réflexes et un vague souvenir d'enfance de policier sauvant de faibles gens en péril, il a bondi du bus et saisi le bras de l'agresseur avant que la lame ne touche une troisième fois sa victime. En un geste, il lui a fait lâcher le poignard, lui a tordu le bras dans le dos et l'a menotté.

Quand je suis arrivée quelques instants plus tard, il avait fait transporter la femme dans une pharmacie voisine dans l'attente des secours. Elle était salement amochée, les deux coups de couteau lui avaient emporté une joue et, de ce côté, ses gencives et sa dentition apparaissaient nues jusqu'aux molaires.

Dehors, dans une flaque de soleil, le vaillant gardien de la paix recopiait l'identité de l'homme en bâillant à s'en décrocher la mâchoire.

Et quelques jours plus tard, je remettais au pire ramier que le commissariat ait connu une lettre du directeur de district le félicitant pour son initiative, sa perspicacité et son courage, à l'occasion de l'arrestation en flagrant délit de l'auteur d'une tentative de meurtre.

L’accident

« TO18H de TN18, accident mortel angle Clignancourt-Ramey, vous êtes dispo ? Les pompiers sont sur place.

— Bien reçu, TN, j’y vais. »

Merde. Et merde. J’ai froid. Je suis fatiguée. J’ai faim. J’ai envie de rentrer, bouffer, boire, dormir. Je me suis tapé un incendie ce matin, un macchabée carbonisé réfugié dans sa douche, recroquevillé comme une vieille momie noire, des relogements, des listes de noms, deux plombes à la bécane. Je pue. Le bureau pue. Tout pue ici. La relève est déjà là et j’allais partir sur la pointe des pieds une demi-heure avant tout le monde, merde.

« Qui pour m’emmener vite fait sur un carton ? » je braille dans le poste en enfilant mon blouson.

Et on y va. Sur place, je reste encore quelques secondes dans la voiture. Je vois déjà. Je vois presque tout. J’ai peur de tout voir. Je ne voyais pas ça comme ça. Je n’aurais pas dû répondre. Je n’aurais pas dû être là. Pourquoi je n’ai pas fait semblant d’être partie ? Rentrer, bouffer, boire, dormir, ne pas voir. Je mets les deux mains sur ma bouche comme quand on fait mine de retenir un cri, je serre les dents et je souffle. Il n'y a rien à dire et encore moins à crier. Ça hurle dehors. Il faut y aller.

« TN18, on coupe la circulation, envoyez des effectifs supplémentaires. Urgent.

— C'est reçu, TO.

— TN18, je crois que le patron est dans les locaux... s'il pouvait venir sur place...

— Je transmets, TO. »

Une poussette tordue est renversée le long du trottoir. Il y a une moto couchée sur le bitume, sur le côté opposé, dans une obscène symétrie. Un long serpent de gomme noire encore puante trace la fin de sa course sur le sol. Un homme casqué est à terre, la tête encastrée dans la jante d'une voiture. Le casque est fendu, le crâne aussi, son cerveau rose et bouillonnant a déjà oublié l'accident.

Les pompiers entourent une femme allongée par terre, qui tente de se relever sur ses deux jambes cassées. Fractures ouvertes. Elle tend ses bras meurtris vers la poussette, vers nous, vers le ciel. Et elle hurle. Entre chaque souffle rauque, elle hurle.

Mon regard ne peut pas se détacher de ce petit tas bleu pâle, là-bas, à une trentaine de mètres. Je me dis que c'est une couverture, ou un vêtement, ou un sac en papier froissé, un coup de vent l'a posé là, ça n'a rien à voir avec tout ça. J'entends le Samu qui arrive. Je demande à mon collègue de sortir le décamètre, et je lui dis qu'on va commencer les constatations en attendant la police-secours. Je ne lui parle pas de la petite chose bleue au milieu de la rue, il regarde ailleurs, cherche un crayon, retourne ses poches et part refouler les passants derrière le ruban orange qu'on a installé.

Alors j'y vais, en accélérant le pas. J'évite de courir, je crois que ça ne sert à rien. Je fais un rond à la craie autour de lui, et le médecin du Samu l'emporte.

De loin, j'aperçois le commissaire qui parle avec les pompiers. Et puis je vois un homme qui arrive en courant, livide, la veste ouverte, qui va de l'un à l'autre, cherche quelque chose d'un regard fou, secoue la tête, la prend dans ses mains.

Je reviens très lentement vers l'endroit de la collision. Je ne veux pas dire ça, je n'ai aucun courage. J'enlève mon brassard pour être sûre de n'être plus rien ici. Je m'approche du patron. « Vous êtes là... je crois bien que c'est le papa qui vient d'arriver... et le bébé... », je tourne les yeux vers le rond à la craie. « C'est bon, je m'en occupe. » Lui aussi prend une longue inspiration en regardant par terre, et se dirige enfin vers l'homme. Je m'éloigne. Je me retourne, je ne peux pas m'en empêcher. Et je vois le commissaire serrer l'homme dans ses bras, et tout doucement le faire asseoir sur le marchepied du Samu.

Vol de nuit

Depuis le début de l'après-midi, je regarde l'heure tourner. L'envie d'aller travailler et d'être déjà à ce soir. Je vais peut-être même y aller un peu en avance, et en profiter pour cirer mes godasses et nettoyer mon pétard. Ce soir, on va essayer de serrer des roulottiers, des casseurs de voitures qui écument un parking. Enfin, un parking, il faut le dire vite... Un espace, sous un pont de l'autoroute, où des habitants de la cité d'en face garent leurs voitures pour économiser le coût d'un emplacement au sous-sol de l'immeuble, où de toute façon leurs véhicules n'encourraient pas moins le risque d'être abîmés ou volés.

Tous les soirs ou presque, dès que tombe le jour, il y a du dégât sous ce pont. Et tous les soirs ou presque, on passe par là, on se cache dans une petite impasse d'où on peut surveiller sans être vus, et on attend. On se dit qu'on finira bien par les faire en flag. Ce soir, il pleut un peu, et j'imagine bien les roulottiers préférer opérer à l'abri sous leur pont favori, plutôt que le long des trottoirs. J'ai un bon pressentiment.

Mais c'était compter sans les aléas de l'emploi du temps des grands de ce monde.

« Changement de programme. Ce soir, vous allez tous sur le bitume. Le chef de l'État va prendre un avion à Villacoublay et vous, vous allez faire un jalonnement sur les quais », nous apprend-on à l'appel.

Et voilà comment, en un mot, un fantasme de flagrant délit se transforme en certitude de passer une soirée sous la pluie en bordure de caniveau à regarder passer les voitures. Bitume...

Nous montons tous dans un car qui va nous déposer l'un après l'autre sur nos points. Certains seront à des carrefours et couperont la circulation quand le cortège officiel passera, d'autres jalonneront le bord de la voie rapide pour surveiller la présence d'éventuels piétons. Mais, vu la pluie qui tombe de plus en plus, il y a fort à parier qu'il n'y aura guère de passants.

À mon tour, je descends du car et je prends possession de mon bout de trottoir sur une grande ligne droite bordée par le mur d'un garage désaffecté. Il y a au moins deux heures à attendre, il va falloir que j'évite de regarder ma montre. L'endroit est sinistre, il pleut et il fait froid, et la nuit arrive. Je ne pense même plus aux roulottiers, j'essaye de ne penser à rien. Je regarde passer les voitures, lumières blanches dans un sens, rouges dans l'autre, ligne blanche au milieu. L'eau de la pluie, l'eau de la Seine, l'eau du caniveau, l'eau qui entre dans mes chaussures. Je m'obstine à ne pas penser, mais je ne pense plus qu'au froid qui m'envahit par les pieds et par les mains. Plus de deux heures ont passé quand le car s'arrête devant moi et que le brigadier baisse sa vitre.

« Il va avoir du retard.

— Combien de temps ?

— On n'en sait rien. Si ça se trouve, il empruntera un autre itinéraire... »

C'est déjà arrivé. Des heures à attendre, gants blancs et fourragère rouge, au bord d'une avenue, le passage d'une voiture officielle qui n'est jamais passée, préférant un autre trajet par mesure de sécurité.

Le car repart, me laissant dans ma flaque d'eau et à mon exercice d'abstraction du temps perdu. Plus tard, cédant à la lassitude et à la fatigue, je regarde ma montre. On devrait déjà avoir fini, il est plus de minuit. Et il pleut toujours. Je songe à mes collègues qui doivent se dire la même chose et maudire les improvisations des élus du peuple.

Soudain, un bruit. Un bruit dans le ciel, qui me fait toujours penser à la *Chevauchée des Walkyries*. Un hélicoptère. Un rhélicoptère qui passe au-dessus de nous et se dirige vers l'ouest. Vers Villacoublay.

Le président de la République vient de passer.

L'escorte du roi

La mission était simple et banale. Il fallait escorter un chef d'État jusqu'à l'aéroport de Roissy. Les deux motards sont donc partis vers un palace parisien récupérer l'homme de pouvoir et sa suite. Le premier allait ouvrir la route avec les yeux bleus de la moto en mode clignotant et de grands coups de sifflet aux carrefours, et le second fermerait la marche.

Le souverain est monté dans la voiture aux vitres fumées. Un larbin a fermé la portière avec déférence, suffisamment obséquieux pour qu'une main rompue aux valses des révérences lui glisse une enveloppe dans la poche.

Le cortège démarra ainsi, vers le périphérique, un motard devant et l'autre derrière, encadrant de près la noire et diplomatique limousine. À bonne vitesse, il y en aurait à peine pour un petit quart d'heure.

Sur l'autoroute du nord, une main, par-dessus la vitre baissée de la voiture, a jeté un cigare consumé, qui rebondit sur le carénage de la moto comme un gros bourdon. Puis cette même main se mit à jeter des bouts de papier sur la route et dans l'air, qui partaient tourbillonnant, emportés par la vitesse. Le motard se fit la réflexion que cet homme, ce roi, si somptueusement habillé, qui avait le pouvoir de vie et de mort sur ses sujets, manquait bien d'éducation et de savoir-vivre. La main disparaissait dans la voiture puis réapparaissait pour encore semer ces papiers vers les bas-côtés de l'autoroute. L'un d'eux prit une trajectoire linéaire et vint se coller sur la veste du motard. C'était un billet de banque. Le motard baissa les yeux et vit le nombre 100 avant que le billet ne reparte dans le vent. D'autres billets verts ont continué à passer en vrillant et bruissant au-dessus de son casque et sous les roues de la moto.

L'aéroport était en vue. La place Vendôme, la rue du Faubourg-Saint-Honoré et les pourboires n'avaient pas eu raison de l'argent de poche du monarque. Passé la douane et la frontière, il n'en aurait plus besoin.

Le témoin

L'histoire était banale. En milieu d'après-midi, un homme était monté dans un wagon du métro. À l'arrêt suivant, à l'instant même où s'ouvraient les portes, il avait violemment bousculé une femme d'un coup de coude en plein thorax et lui avait arraché son sac. La femme était tombée par terre en poussant un cri strident, tout le monde s'était regardé avec des yeux ronds, et personne n'avait bougé.

L'homme avait sauté sur le quai et s'était mis à courir vers la sortie. Ce qui était moins banal était la présence de ce passager qui s'était lancé à sa poursuite, laissant les autres dévisager leur lâcheté, ceux qui étaient restés accrochés de toutes leurs mains aux barres métalliques du wagon, à s'en faire exploser les articulations.

La fuite du voleur n'avait pas duré longtemps. Se voyant distancé, son poursuivant avait décroché un extincteur de sa niche sur le quai et le lui avait envoyé dans les jambes. Le voleur avait alors fait une culbute en plein élan, et était allé se casser le nez et s'étourdir contre un mur. La femme, encore choquée et peinant à retrouver sa respiration, était arrivée et avait ramassé son sac. Elle avait chaleureusement remercié l'homme et s'était vite éclipsée, pressée de se mettre à l'abri de ce sale souvenir et de se trouver hors de la vue de son voleur. Les témoins de la scène s'étaient également dépêchés de quitter les lieux, peu désireux de faire connaître leurs noms à l'homme audacieux, ou d'être confrontés à l'autre. Ils préféraient n'avoir rien vu, ça prend moins de temps et ça n'engage pas la parole.

N'étaient restés sur le quai que l'homme et le voleur blessé, sans butin, le visage en sang, et qui s'était mis à hurler à l'agression. Il n'y avait plus ni victime, ni objet d'un vol, ni témoins. Simplement un homme à terre, un extincteur cabossé et celui qui l'avait lancé.

La police était venue, et tout naturellement, puisque la scène parlait d'elle-même, le voleur avait été conduit aux urgences et l'homme en garde à vue, le premier dénonçant la folie du geste de l'autre qui pourtant protestait tant qu'il pouvait.

Plus tard, dans la soirée, quelqu'un s'était présenté au commissariat. Un homme qui tenait à raconter une agression à laquelle il avait assisté dans le métro l'après-midi même. Il se trouvait dans le fond d'un wagon, il avait vu une sorte de bousculade, puis une femme s'effondrer en criant et un homme s'enfuir avec un sac à la main. La femme était sortie du wagon, et le métro avait redémarré car personne n'avait tiré le signal d'alarme.

Alors tout naturellement, puisqu'à la virgule près il persistait et signait la même histoire que le lanceur d'extincteur, la police avait remplacé un agresseur par un autre, plus malfaisant, dans la garde à vue.

Métro, c'est trop

Ils sont montés dans le métro tous les trois d'un même pas, trois crânes rasés, comme trois frères siamois, roulant des mécaniques de brutes, repoussant l'espace vide autour d'eux. Ils se sont campés au milieu du wagon avec des airs de prédateurs et se sont mis à regarder à la ronde, lentement et attentivement, sans se parler, dans un scénario bien rodé. Leurs yeux radars balayent méthodiquement le décor.

C'est l'un des premiers métros du jour, et les quelques voyageurs du petit matin, encore un peu ensommeillés, le regard absent, ne prêtent guère attention aux trois agents de sécurité de la RATP.

Dans un coin, au fond du wagon, affalé contre la vitre, un homme dort. Il est noir, il a une trentaine d'années. Emmitouflé dans une grosse écharpe et une veste de survêtement, les bras croisés sur la poitrine, il a rabattu sa capuche sur la tête. On ne voit que son nez et sa bouche entrouverte. Sur la banquette qui lui fait face, il a posé un gros sac de sport sur lequel il a croisé ses pieds, s'improvisant un confort de circonstance.

Les trois vigiles se regardent. Sans rien dire.

L'un se dit que ce Noir n'a pas de titre de transport, que c'est encore un de ces cons qui va se mettre à brailler comme un goret quand ils vont le contrôler, qui va en appeler aux droits de l'homme en levant les bras vers le plafond, ameutant toute la rame, puis se faire la malle et les obliger à cavaler dans les couloirs, un de ces salopards d'étrangers en situation irrégulière qui n'a pas non plus de papiers, comme toujours sur cette ligne de métro.

Le deuxième pense que c'est un toxicomane, qu'il est shooté, que son sommeil est trop profond pour être honnête. C'est dommage qu'on ne voie pas ses mains, les toxicomanes ont toujours les mains sales, les ongles noirs de crasse, c'est à ça qu'on les reconnaît. Et ce Black, il le sait, c'est pour ça qu'il les a si bien planquées, ses mains. Ou alors il est ravagé par le crack, c'est un truc de Blacks ça, le crack, ça les rend dingues, il paraît. Et puis il doit puer, il n'y a personne assis sur sa rangée. Les toxicomanes puent.

Le troisième se demande si ce n'est pas un voleur. Il a un gros sac, il semble y accorder une importance suspecte puisqu'il a posé ses pieds dessus. Il aurait pu le mettre à ses côtés, il y a toute la place qu'on veut dans ce wagon. Mais non, comme par hasard, il pèse de tout le poids de ses jambes sur ce sac, on ne risque pas de le lui piquer, c'est un malin. Voilà bien l'innocence feinte d'un cambrioleur de la nuit, tiens.

Le métro s'arrête, puis redémarre vers la station suivante.

Les trois hommes se parlent du regard, et le Noir dort toujours. Il n'a même pas ouvert un œil quand la rame a grincé sur toute sa longueur avant de s'immobiliser, puis quand la sonnerie a retenti avant la fermeture des portes.

C'est peut-être une ruse, il se sait observé et il va bondir comme un singe au prochain arrêt, puis disparaître avec son gros sac dans le labyrinthe des couloirs. Même complètement camé, un Noir, ça court sacrément vite, c'est génétique.

Les trois vigiles se sont compris, il faut y aller.

Ils s'approchent du fond du wagon et du siège occupé par l'homme qui ne se réveille toujours pas, affalé entre un petit rond de buée sur la vitre et son sac. Il faut le surprendre avant qu'il ne les surprenne. L'un des trois hommes tire brusquement sur le sac et le fait tomber à terre. Le Noir sursaute violemment, se réveille, et cherche ses affaires d'un regard hagard.

« Merde ! Mon sac ! Vous êtes complètement cons ou quoi ?

— C'est à nous que tu parles comme ça ?

— Mais vous vous prenez pour qui, bande d'abrutis ?!

— Baisse d'un ton, le nègre ! »

L'homme se lève d'un bond et glisse sa main vers l'intérieur de son blouson.

« Attendez que... »

Il n'a pas le temps de finir sa phrase qu'un poing s'abat sur son visage, puis un deuxième qui lui casse l'arête du nez, avant qu'un troisième lui coupe le souffle. Il tombe sur le sol et se plie sous les coups de rangers. Avant de s'évanouir, il entend un des hommes hurler :

« Une arme ! Il a une arme dans son sac ! »

Il reprend connaissance sur le brancard des pompiers, avec deux mèches de coton qui sortent de ses narines et des éclairs de douleur qui fusent de son nez à son ventre.

Il voit, penché au-dessus de lui, un gardien de la paix, tout blond, aux yeux ronds tout bleus, des yeux pleins d'incompréhension et de colère sous la casquette.

« Dis donc, ils ne t'ont pas loupé.

— J'ai essayé de sortir ma carte, j'ai pas eu le temps.

— Je vois ça...

— J'ai rien compris... Rien compris. Rien.

— Mais qu'est-ce qui s'est passé ?

— Je dormais. Je me lève à pas d'heure, alors du coup, je me rendors dans le métro. J'habite loin. Au fin fond du Val-d'Oise.

— Tiens, moi aussi ! À Flic-ville...

— Et d'un coup, je sens qu'on me prend mon sac, je mets toujours les pieds dessus, il y a le calibre et tout mon matos dedans. Je me réveille en sursaut et je me mets à gueuler.

— Il y a de quoi...

— Là, je vois que c'est les types de la RATP, alors je m'apprête à leur dire...

— ... et ils te démolissent. Collègue, je vais prévenir ton service pendant que tu vas te faire réparer, et pour le reste, tu sais quoi faire. Tu bosses où ?

— Pas loin. Je suis brigadier au service de protection et de sécurité du métro. »

Le père, le chat et la salope

Ça avait commencé comme d'habitude. Un appel pour un décès à domicile.

Un vieux bonhomme était venu mourir chez sa fille, le temps d'un week-end en banlieue. Quelques vieilles maladies qui le rongeaient à n'en plus finir, de la morphine matin et soir, et comme on dit, il s'était tranquillement éteint dans son sommeil. À voir les fioles qui jonchaient sa table de chevet, on pouvait se demander si la cause de la mort était l'âge ou l'overdose. Il était pourtant bien vieux, le pauvre homme, frêle comme un enfant, tout ridé, tout usé et tout ratatiné dans ses draps de mort.

Personne n'avait jamais cessé de vivre chez cette femme, et elle se demandait quelle était la marche à suivre en cas d'encombrement par père décédé. C'est à ce propos qu'elle nous avait appelés. Mais en fait, l'essentiel de son problème résidait en des obsèques rapides et à prix soldé, et l'évacuation des dettes de son géniteur en même temps que son corps. Le vieux avait vécu au-dessus des moyens de son RMI et laissait des factures impayées et quelques affaires fumeuses en guise d'héritage.

« Madame, vous pouvez renoncer à l'héritage, si c'est tout ce qui vous importe.

— Oui, mais sa voiture ? J'aurais bien aimé récupérer sa voiture, moi... »

Les histoires de famille sont toujours troubles, on ne souhaitait pas vraiment en savoir plus sur cette apparente ingratitude, et pas davantage assister à un règlement de comptes avec un mort.

La femme était très blonde avec des sourcils très noirs, elle portait des lunettes avec des brillants sur les branches, et elle avait des talons très hauts qu'elle faisait claquer autour du lit de mort de son père. On en était un peu gênés.

Elle était aussi maniérée et vulgaire que la décoration de son trois pièces. Un épouvantable pierrot lunaire en porcelaine, la larme à l'œil, tenait un abat-jour au-dessus d'une table en fausse laque de Chine. De gros nœuds mauves retenaient des rideaux rouges en lamé, et des miroirs ornaient chaque mur de la pièce pour que puisse s'y mirer à chaque mouvement cette vieille petite fille poudrée et endeuillée. Son affliction se résumait pour l'heure à trouver une astuce pour conserver la voiture du mort, ce salaud, qui avait eu le toupet de trépasser avec un compte bancaire dans le rouge.

Je commençais à trouver son propos indécent et, avisant un vieux chat un peu râpé assoupi sur un canapé blanc couvert de coussins dorés, je tentai une diversion.

« Oh, il n'est plus tout jeune, votre matou, dites donc ! En tout cas, il n'a pas l'air farouche.

— Ah, bah non ! il est mort, mon chat, dit-elle en adressant un clin d'œil appuyé à mon collègue qui la regardait d'un air ahuri.

— Je vous demande pardon ?

— Ah, bah oui ! il est empaillé, mon chat. »

Alors j'ai regardé la bestiole de plus près, ses yeux étaient des billes, je me suis approchée, le chat n'a pas bougé, et je l'ai touché : il était raide comme du bois sous son poil rêche.

D'un coup, j'ai été parcourue d'un frisson d'effroi en me demandant ce qu'elle allait bien pouvoir faire de son père. Je n'ai pas pu réprimer l'image qui se présentait à moi du vieux empaillé, embaumé, momifié, assis sur le canapé à côté du chat mort. Ou avec le chat sur les genoux. Et les doigts aux ongles rouges de la fille qui viendraient retaper les coussins dorés autour de ce tableau de famille. Puis j'ai imaginé les poissons de son aquarium transformés en mobile post mortem, suspendus en grappe devant la fenêtre, oscillant mollement aux courants d'air des rideaux de bordel, avec des perles à la place des yeux. Je me suis dit que si ça continuait, le vieux allait se lever et partir en courant avec le chat dans les bras. Alors j'ai préféré prendre un bout de papier et y inscrire en majuscules l'adresse et le numéro de téléphone des pompes funèbres.

[illegible] quand il est [illegible] avec elle.
Avec [illegible] de la [illegible] de part [illegible] ses yeux [illegible] des filles, [illegible] [illegible] que [illegible] [illegible] [illegible] comment [illegible] [illegible].
[illegible] des premiers [illegible].

Qu'est-ce qu'on rigole…

Il avait pour habitude de débarquer dans les postes de police par surprise. Il dédaignait de s'annoncer et prenait tout le monde au dépourvu, c'était sa façon de faire. Une sorte de ruse, il était connu et redouté pour ça. On s'était dit qu'il aimait probablement observer *in vivo* les poulets en liberté dans leur habitat naturel, avant que le coq de la basse-cour n'ait pris soin de les aligner, vérifier la couleur de leurs chaussettes, les plis de chemise et donner les recommandations d'usage.

Il faut bien dire que ce n'était pas monsieur Tout-le-monde et que la perspective de le voir débarquer n'importe quand provoquait des sueurs froides à quiconque avait une responsabilité sur l'ordre, la discipline, ou du moins les apparences.

Ce soir-là, il avait décidé de rendre visite aux effectifs du poste des G.C. Peut-être même allait-il y rester le temps de boire un café et fumer une cigarette. Car il fumait beaucoup, on le savait aussi. Il avait donc laissé sa voiture en haut de la rue, qu'il avait descendue seul, les mains dans les poches de son imperméable et une cigarette aux lèvres.

Le planton, qui avait aussi les mains dans les poches et qui fumait de même, l'avait d'abord regardé venir sans trop lui prêter attention. L'homme était assez grand, il avait le pas de celui qui sait où il va, et affichait une belle assurance.

Il s'était arrêté devant la porte du poste de police.

« Bonsoir.

— Bonsoir, monsieur », avait répondu le gardien de la paix.

Puis il avait regardé cet élégant quinquagénaire aux boucles grises qui n'avait pas vraiment le style du quartier, et son visage s'était fendu d'un immense sourire. Il s'était alors retourné vers l'intérieur du poste et avait crié en direction de ses collègues :

« Ho ! les gars ! Venez voir ! Il y a Darry Cowl qui vient nous rendre visite ! »

Et se tournant vers l'homme :

« Quelle bonne idée vous avez eue de passer cette nuit, monsieur Cowl ! J'adore votre humour, passez-moi l'expression, mais vos films me font pisser de rire. »

L'homme le regardait d'un air imperturbable et restait silencieux.

« Hé ! les collègues ! Il nous reste bien un fond de whisky pour trinquer avec Darry ! Bougez-vous, c'est pas tous les jours qu'on a la visite d'un comique. »

Le chef de poste était alors apparu sur le seuil et, d'une voix blanche, s'était adressé à l'homme :

« Mes respects, monsieur le Ministre, si vous voulez bien vous donner la peine d'entrer... »

Il avait hurlé :

« Fixe ! »

Et monsieur Joxe, ministre de l'Intérieur, était entré dans le poste de police.

(Toute ressemblance ou similitude avec des faits et un ministre ayant existé n'a rien d'une coïncidence fortuite. Messieurs Joxe et Cowl se ressemblaient pas mal. Surtout de nuit.)

Le voleur de voiture

L'homme était venu signaler le vol de sa voiture le matin. Il était furieux.

« Rendez-vous compte ! fulminait-il. Je sors ma voiture, je laisse la clé sur le contact le temps de refermer la porte de mon garage, et paf ! je vois ma voiture s'en aller ! et je cours derrière, mais vous pensez… Première à droite, première à gauche et paf ! plus de voiture. »

Le flic qui avait pris sa plainte se mordait les lèvres pour ne pas lui demander s'il avait eu le temps de relever le numéro d'immatriculation, partagé entre l'envie de faire un bon mot et le doute qu'il y ait compatibilité entre son humour et l'état de rage du bonhomme qui menaçait à présent de commettre meurtres et actes de barbarie sur tous les habitants de son voisinage.

Il se contenta de remplir une déclaration de vol et de lui indiquer les formalités à effectuer auprès de son assurance. Il lui affirma surtout que sa voiture était désormais inscrite au fichier des véhicules volés et qu'elle était dès à présent recherchée dans les environs. Comme une patrouille était de passage, d'un air navré, il lui proposa qu'on le conduise jusqu'à la station de RER la plus proche pour qu'il puisse tout de même se rendre à son travail, ce qu'il accepta.

En fin d'après-midi, l'homme fut convoqué au commissariat. Sa voiture avait été retrouvée. Elle était à Lyon.

Le matin, le voleur avait rejoint l'autoroute du sud sans se faire repérer. Il avait franchi la zone de péage rapidement ; en pleine semaine et à cette heure-là, les embouteillages sont dans l'autre sens.

Puis il avait roulé tranquillement et prudemment, et n'avait pas été inquiété. Il a signalé aux gendarmes qui l'ont arrêté avoir fait une halte sur une aire de repos déserte, le temps de manger un fruit et des biscuits qu'il avait emportés dans son sac. Il a précisé avoir jeté l'emballage et un trognon de pomme dans une poubelle. Il avait repris la route et continué à rouler en direction du sud. Quelques kilomètres avant le péage de Lyon, la voiture était tombée en panne d'essence. Les gendarmes l'avaient ainsi retrouvée stationnée sur la bande d'arrêt d'urgence. Le voleur n'était pas loin, se pensant à l'abri et invisible, caché dans un fossé en contrebas de l'autoroute, et attendant la nuit pour poursuivre sa cavale, avait-il avoué.

« Mais alors... ma voiture n'a rien ? Pas d'accident ? avait souri l'homme.

— Elle n'a rien. Elle n'a simplement plus une goutte d'essence.

— Et le voleur ? Qu'a-t-il fait ? Il allait où ?

— On va bientôt le savoir. Ses parents sont allés le chercher à Lyon où les collègues le gardent bien au chaud. Ils n'étaient pas contents. Pas contents du tout.

— Ses parents ?

— Oui. Il a déclaré aux gendarmes qu'aujourd'hui il y avait un conseil de classe et qu'il préférait être ailleurs. Votre voleur a tout juste douze ans. »

La petite fille sur une bicyclette

Si on ne l'avait pas vue, on n'aurait rien su.

Une petite fille sur une bicyclette pédalait à perdre haleine sur le chemin qui longeait le parc. Elle devait avoir une dizaine d'années. Penchée sur son guidon, elle peinait dans la montée, mais elle avançait de toutes les forces de ses petites jambes sur son vélo trop grand. On la regardait faire, amusés par son effort et le cartable qui rebondissait en mesure sur son dos. Elle semblait faire la course, mais il n'y avait personne derrière elle. On se disait qu'elle était en retard, qu'elle avait traîné à la sortie de l'école et qu'elle rattrapait le temps perdu pour éviter les gros yeux de son père. On se disait qu'elle ne voulait pas rater le début de son feuilleton du soir. On se disait plein de choses futiles, quand on l'a vue se retourner avec l'air inquiet et manquer de perdre l'équilibre et de tomber. On ne se disait plus rien, quand son écharpe s'est envolée, qu'elle l'a remarqué, mais qu'elle ne s'est pas arrêtée pour la ramasser.

On s'est approchés du petit chemin sur lequel elle semblait fuir quelque chose qu'on ne pouvait pas voir, et c'est en l'attendant, à quelques mètres face à elle, qu'on a vu son regard affolé sous son front pâle et en sueur.

D'où l'on était, on lui a fait signe, paisiblement, comme pour jouer à la police qui arrête une voiture, avec de grands gestes lents et exagérés. Elle a mis pied à terre, elle avait du mal à reprendre son souffle, et elle a encore une fois regardé derrière elle.

« Eh bien, où vas-tu si vite, mademoiselle cycliste ? »

Elle n'arrivait pas à parler, ses lèvres tremblaient, elle était livide.

« Quelqu'un te poursuit ? D'où viens-tu comme ça ?

— De nulle part ! Nulle part ! » a-t-elle crié d'une voix suraiguë.

Elle grelottait.

« Écoute. On le voit bien que quelque chose ne va pas, il faut nous dire. Il faut nous dire ce que tu as vu et de quoi tu as peur. Après, on te suivra jusque chez toi pour qu'il ne t'arrive rien, tu es d'accord ?

— Oh non ! Je vais me faire disputer, si je ne rentre pas tout de suite !

— Explique-nous d'abord, et on te promet que personne ne te grondera ce soir. »

On a dû insister un peu pour qu'elle parle. Elle s'est mise à pleurer en hoquetant sans pouvoir prononcer un mot, elle m'a laissé faire quand je l'ai serrée contre moi, et que je lui ai remis ses cheveux en ordre et son écharpe autour du cou. Elle m'a réclamé un mouchoir, et je lui ai demandé de raconter.

Elle avait traversé le parc pour gagner du temps en rentrant de l'école, et un homme l'avait hélée.

Sans se méfier, elle s'était approchée, il l'avait saisie par l'épaule, et sa bicyclette était tombée. Elle s'était débattue sans parvenir à se libérer de sa poigne, pendant qu'il dégrafait son pantalon, et il s'était masturbé tout contre elle en grognant des insanités. Un instant, il avait relâché la pression de ses doigts sur elle, et elle s'était précipitée sur son vélo. Il l'avait aussitôt rattrapée, l'avait insultée, serrée contre lui et obligée à le regarder faire.

Elle n'avait pas bien compris.

« Il a fait pipi devant moi », nous avait-elle déclaré.

Vite, il fallait faire vite.

« Comment était-il habillé, tu t'en souviens ?

— Un pantalon gris, des chaussures noires et une culotte blanche, c'est tout ce que j'ai vu de ses habits.

— Et il était plutôt vieux comme ce policier, ou jeune comme celui-ci ?

— Plutôt jeune comme celui-là, avec pas beaucoup de cheveux. »

On a fait monter la fillette dans la voiture, et tant bien que mal, on a mis son vélo dans le coffre.

« On va entrer dans le parc, on va essayer de le retrouver. Ne t'inquiète pas, s'il est encore là, on ne s'approchera pas de lui avec toi, il ne te verra pas. »

Au bord d'un chemin, il était là.

« C'est lui, là. C'est lui… »

Une trentaine d'années, bien habillé, il fumait une cigarette, arborant l'air nonchalant du promeneur du soir en jouant avec les clés de sa voiture, garée tout près, le long du chemin. À l'arrière, il y avait un siège d'enfant.

On a laissé la fillette dans notre véhicule, et on est allés à sa rencontre.

« Bonsoir. Que faites-vous ici, dans ce parc ?

— Mais rien ! Rien du tout ! Je me promène. C'est interdit ? »

Sa braguette était ouverte.

Je n'ai pas pu m'empêcher. Je n'ai pas pu…

« Monsieur, personne ne vous attend à cette heure-là ? Une femme à la maison ? Des enfants ?

— Oui, ma femme et mes enfants, et alors ?

— Enculé, sale pervers, ordure, tes enfants t'attendent, et tu te branles comme un sale porc sur une petite fille dans un bois ?

— Vous êtes folle !

— Non, connard, je ne suis pas folle, ta braguette est descendue, et tu as encore du sperme sur ton pantalon. Probablement le même sperme de fils de pute dégénéré que sur le manteau de la fillette. »

Je ne pouvais pas parler autrement, je ne pouvais pas lui parler normalement, je voulais lui en dire plus encore. Je voyais ses mains blanches, propres et potelées, avec sa grosse alliance en or et sa gourmette, et je les imaginais, l'une sur l'épaule frêle de la petite, et l'autre sur sa queue. Dans le même temps, je refrénais une terrible envie de lui balancer mon genou dans les couilles. Je sentais une sorte d'influx nerveux remontant de mon pied d'appui jusqu'à mon genou droit, en passant par la hanche, qui me dictait, muscle par muscle, comment lui envoyer un coup à lui faire sortir les organes génitaux par les yeux.

« Pauvre sombre merde, crevure, sale chiure de pédophile qui mérite d'aller au trou se faire ravager le fion par ses codétenus, espèce de gros… »

Je l'ai insulté jusqu'à ce qu'un collègue me prie de me taire et lui passe les menottes.

On a demandé du renfort pour transporter l'homme au poste. La fillette l'avait reconnu, et il était sale des traces de son outrage. Ce n'était pas la peine qu'elle recroise son regard ce soir-là.

Plus tard, bien plus tard, après qu'il a été entendu par un officier de police judiciaire, je ne sais pas si je l'ai rêvé ou pas, mais je crois que je suis allée faire un tour dans la garde à vue pour encore l'agonir d'injures.

Bar de nuit

Ce matin-là, on avait pris le service avec une heure d'avance. On allait faire une descente dans un bar de nuit. Juste avant que le rideau de fer se baisse et que des ronds de café dessinés par les tasses viennent fleurir les zincs des bars de jour. Les vieux de la brigade répétaient toujours que la fin de la nuit était le meilleur moment pour aller cueillir des bandits. Des beaux mecs comme ils disaient, des vrais, des gros, des sévères avec des fiches de recherche qui traînent jusque sur le trottoir… Confiante et grisée par leurs mythes, je voulais moi aussi tenter l'arrestation légendaire à potron-minet.

On s'était mis d'accord sur un bar près de la place Pigalle. Un petit bar un peu glauque, qui ne ressemblait à rien avec ses vieilles appliques à néons qui ne donnaient pas envie de s'y attarder. Son seul charme était d'avoir une sale réputation, que plus personne n'était capable de dater… On était six ou sept à risquer l'aventure du petit matin, à l'heure du premier métro. On a embarqué dans deux voitures et on est partis en direction des boulevards avec l'espoir de passer l'heure suivante à rédiger quelques procès-verbaux blindés des noms de ceux que d'autres n'avaient jamais pu attraper. Le bar et toutes ses promesses nous attendaient. Il jetait encore sa lumière blafarde sur le trottoir à travers sa vitre crasseuse. La buée et des vieilles affiches tenues par des bouts de scotch jauni nous empêchaient de voir à l'intérieur. On a passé nos brassards et on a poussé la porte.

« Police ! Contrôle d'identité ! »

Une dizaine de visages blasés se sont tournés vers nous. Des vieux. Vieux comme le bar, la mine fatiguée par trop d'alcool et de tabac, et par une nuit qui n'en finit plus de chercher le sommeil. Et des plus jeunes, éteints et pâles comme les vieux, qui ne veulent pas voir le jour parce qu'ils ne savent pas quoi en faire.

Ils ont grogné, râlé qu'on les emmerdait, qu'on n'était vraiment payés qu'à ça. Qu'on ne pouvait même plus finir son verre peinard. Ils nous ont dit qu'il y avait plein de bandits dehors, et pourquoi eux, pourquoi toujours eux... Qu'ils n'étaient tranquilles nulle part, et qu'on n'était jamais au bon endroit au bon moment. Ils avaient tous leurs papiers et ils les ont posés sur le comptoir, devant eux, entre les cendriers pleins et les verres vides. On y voyait des photos qui ne leur ressemblaient plus depuis longtemps.

On les a pris et on a épelé chaque nom à la radio. « Inconnu », nous répondait-on à chaque fois. Inconnu. Inconnu. Inconnu... Et ils nous regardaient d'un air narquois à mesure qu'on leur rendait un par un leurs papiers, nous les arrachant presque des mains.

« Vous voyez bien ! Nous, on est rien, nous, on est personne. Inconnus. »

Le barbare et l'ivrogne

Il avait un nom de fleur, cet homme-là, c'est peut-être pour ça que je m'en souviens si bien. Parce que le reste, j'aurais préféré l'oublier.

C'était une nuit, c'était un bar, c'était un type avec un nom de fleur qui avait trop bu. Un autre, qui avait bu autant que lui, avait fait une remarque désobligeante sur sa femme. À moins que ça n'ait été sur sa mère. Ou sur sa fille. Le blanc de l'œil strié de rouge, les deux mains posées bien à plat sur le zinc poisseux pour ne pas tomber, il s'était penché vers lui et, d'une voix pâteuse, avait égrené à son oreille quelques mots noyés dans une haleine infecte. Pute. Traînée. Grosse. Cocu. L'homme au nom de fleur n'avait d'abord pas bronché. Il avait regardé l'autre, goguenard, qui se balançait sur son tabouret en se grattant le ventre, idiot, fier de sa saillie, et continuant à rire grassement. Il l'avait regardé à travers ses épaisses lunettes de myope, les lèvres pincées, les poings serrés, sans rien dire. Il le regardait rire et faire rire les autres ivrognes du bar, lui, la risée de tous, de chaque soir de cuite, et qui ne disait jamais rien. Parce que quand on boit aussi, il faut bien supporter des autres quelques écarts. Mais, ce soir-là, quatre mots avaient enflammé son ivresse. D'un coup, il s'était mis à hurler « Je vais lc tuer ! » et il avait sorti de la poche de son manteau râpé un long couteau de boucher.

Il ne nous a pas vus arriver. Il se tenait au milieu du bar, la lame en avant. Il tournait lentement sur lui-même, livide, sa main libre s'ouvrant et se fermant nerveusement, menaçant à la ronde les derniers noctambules hébétés.

« Je vais le tuer, je vais le tuer », répétait-il.

Son front était luisant de sueur, ses lunettes glissaient sur son nez, il clignait des yeux à chaque mouvement qu'il imprimait au couteau.

Il n'a pas été difficile à maîtriser, il ne tenait pas debout. Menotté les mains dans le dos, il continuait à murmurer : « Je vais le tuer. »

Assis à l'arrière de la police-secours, à chaque cahot, chaque coup de frein, il disait encore : « Je vais le tuer. » Complètement ivre.

« Pourquoi vous avez fait ça ?

— Faut pas me parler d'elle. Pas comme ça. Ça ne se fait pas.

— Mais pourquoi vous vous baladez avec un couteau ?

— Parce que, l'autre soir, je me suis fait agresser. Avec un couteau. »

Le couteau, son ivresse, les menaces, une plainte qui serait déposée le lendemain, on l'emmenait face à un officier de police judiciaire qui allait le mettre en garde à vue.

Devant le commissariat, il descend du car. On l'aide un peu, il titube, ne trouve pas le sol sous ses pieds. Ses lunettes sont pleines de larmes, de sueur, à présent il pleure, il regrette, son nez coule. Toujours menotté, il s'essuie sur son manteau d'un coup d'épaule qui manque de lui faire perdre l'équilibre. Marche pénible après marche glissante, il monte l'escalier appuyé contre le mur. On le tient par la manche jusqu'au bureau de l'officier.

Et merde. C'est lui, c'est le gros. Un teigneux, un méchant qui ne sort jamais. Toujours au *ramassage*. Un qui a la main leste, surtout sur les loques humaines, les déchéances menottées. Sur sa femme aussi, quand il n'oublie pas de rentrer chez lui après le service. Personne ne veut plus tourner avec lui dehors, tout le monde attend qu'il se barre, mais il reste. La nuit, les huis clos, seul avec son pouvoir d'être le plus fort, il aime ça. Et ce soir, il est là, il nous attend, les poings sur les hanches, le ventre en avant, avec sa sale gueule couperosée.

« Alors, les abrutis, qu'est-ce que vous m'amenez là ? La chiure du soir ?

— Reste correct, d'accord ? Menaces avec arme blanche, et il est complètement torché. Rien de plus. Voilà le couteau. »

Je lui tends le couteau en le tenant par la lame, il le saisit et, d'un coup sec, le plante sur son bureau.

« Eh bien, on va s'occuper de lui maintenant. Viens avec moi, connard, tu vas souffler dans l'éthylo et après, je te fous en cage. »

L'homme au nom de fleur le suit en traînant les pieds, il ne dit plus rien, il renifle bruyamment un filet de morve qui ne veut pas tomber de son nez. On le suit pour lui retirer les menottes. Mon collègue part se laver les mains, je reste dans le couloir et je griffonne sur un carnet le nom de fleur, l'adresse où on l'a cueilli et l'heure.

Arrivé dans la petite pièce où se trouve l'éthylomètre, l'officier sort une boîte pour y déposer la fouille de l'homme au drôle de nom.

« Tu vas aller en garde à vue, on va mettre là tout ce qu'il y a dans tes poches. »

Un portefeuille, un trousseau de clés, un paquet de tabac, un billet froissé, un petit galet rose.

« Mon porte-bonheur, précise-t-il, ce qui fait ricaner le gros.

— Tes lacets. »

Il se penche, pose un genou à terre, se délace, fait la même chose de l'autre côté et tend la paire de lacets à l'officier.

« Ta ceinture. »

Il défait sa ceinture, la fait glisser dans les passants et la pose sur la table.

« Tes lunettes.

— Non.

— Comment ça, non ?

— Non. Je veux voir dans quoi je souffle. Je veux lire ce qui s'affiche. Je donne mes lunettes après.

— Mais mon cher, tu n'es personne ici pour décider quoi que ce soit ! Donne-moi tes lunettes.

— Non. »

L'homme s'entête. Il veut voir le chiffre apparaître sur la machine. Appuyée contre le mur du couloir, à quelques mètres, j'observe le face-à-face. L'officier croise les bras et le regarde fixement. L'autre fait de même en vacillant. Il porte d'épaisses lunettes en écaille d'un autre âge, qui lui font de gros yeux et un regard ahuri.

« Pour la dernière fois, retire tes lunettes.

— Non. »

Et c'est allé très vite. J'ai vu le coup de tête partir, les lunettes voler et se briser au sol. J'ai vu l'homme prendre son visage à deux mains en gueulant et saigner entre ses doigts sales. J'ai vu l'autre l'attraper par le col et lui coller le nez contre l'éthylomètre.

« Et comme ça, tu vois mieux ? »

L'homme s'est laissé glisser par terre en grognant et soufflant. Je n'arrivais pas à bouger. J'ai encore vu le gros s'approcher et se laisser tomber sur lui, un genou sur son flanc et l'autre sur son nez. J'ai entendu l'os craquer.

« Pourquoi ? Pourquoi ? » râlait l'homme en se tordant de douleur sur le sol qui se constellait de gouttes de sang.

Un autre officier est accouru du fond du couloir en hurlant : « Mais c'est pas vrai ! Que se passe-t-il encore ?! » Il s'est arrêté sur le pas de la porte en soupirant. Le gros a fait un pas vers lui : « Je vais t'expliquer. » Et l'autre s'est tourné vers nous : « C'est bon, allez-y, je m'en occupe. »

Dans la nuit, les pompiers sont intervenus dans une garde à vue. Un homme y gisait inconscient, le visage tuméfié et couvert de sang. Ils ont tout de suite vu le nez cassé et l'arcade fendue. Aux urgences, ils ont encore diagnostiqué deux côtes cassées.

Le lendemain à l'appel, nous avons été convoqués dans le bureau du commandant. Il nous attendait, les poings sur les hanches, en haut de l'escalier, comme le gros de la veille. Il était en colère. On est entrés dans son bureau, il a fermé la porte et nous a reproché d'avoir conduit au commissariat un homme en état d'ivresse salement amoché. Un homme avec un nom de fleur qui ne se souvenait plus de rien. L'officier de police judiciaire avait fait un rapport et appelé les secours en pleine nuit.

« Je vais le tuer… »

On peut toujours s'entendre

On nous a prévenus quelques minutes avant. Et on nous a indiqué que, sans délai, il nous faudrait disperser tout ça.

C'était un mouvement spontané, sans autorisation, un grand coup de gueule, un coup de colère, un coup de poing rageur sur le bitume de Paris.

On est donc allés les attendre.

Elles sont arrivées par dizaines, à pied, par petits groupes, à vélo, dans des autocars qui les ont lâchées dans les rues adjacentes et par le métro.

Elles sont arrivées par dizaines pour se retrouver deux ou trois centaines, ou plus encore… Les infirmières. Elles avaient bariolé leurs blouses blanches de revendications, elles brandissaient des banderoles fabriquées dans les draps jaune pâle de l'Assistance publique, elles agitaient au-dessus de leurs têtes des seringues géantes en carton et des drapeaux blancs. Elles voulaient surtout bloquer tout le carrefour, ce fameux carrefour qui, à lui seul, peut en quelques minutes figer à l'arrêt toutes les voitures circulant dans le nord de Paris. C'est ce qu'elles nous ont dit, quand quelques-unes d'entre elles se sont détachées de la nuée blanche et bruyante, et sont venues à notre rencontre, poings fermés au fond des poches, déterminées comme jamais à prendre une poignée de minutes de pouvoir sur la rue.

On les a écoutées nous dire leurs conditions de travail, leurs difficultés, leurs salaires et leurs heures sup, leurs enfants qu'elles avaient du mal à faire garder, leurs horaires atypiques, le mépris qui les blessait, elles, petites fonctionnaires transparentes de l'institution hospitalière. On les a entendues raconter notre vie à nous, flics anonymes et insignifiants de la République, petits fonctionnaires privés de droit de grève, payés à prévenir et soigner par cataplasmes de Code pénal une société qui tousse et qui crache, pendant qu'elles, les infirmières, s'affairent aux maladies des corps.

À la radio, l'état-major m'a demandé si nous étions en bon nombre pour les disperser, s'il y avait besoin de renfort. Il me fallait vite trouver la réponse. Je n'avais pas vraiment envie de leur demander de partir tout de suite, à ces infirmières. À cet instant, j'avais l'impression d'avoir des dizaines de frangines...

J'ai pris sur moi de leur mettre un marché en main.

« Je vous laisse cinq minutes, pas une de plus. Pendant cinq minutes, vous bloquez la circulation, vous faites une ronde puisque c'est ce que vous voulez, vous chantez, vous criez, vous distribuez vos tracts. Cinq minutes pas plus, sinon ça deviendra l'affaire des CRS. Cinq minutes, c'est mieux que rien, votre manif n'est pas autorisée. Cinq minutes pendant lesquelles on va vous foutre la paix, cependant on ne sera pas loin. Mais après, il vous faudra libérer le carrefour. Une seule seconde de plus, ce n'est pas négociable. Ça vous va ? »

Elles se sont regardées et ont acquiescé en souriant.

Une petite brune à grosses lunettes m'a tendu la paume de sa main, et j'ai tapé dedans.

« Tope là.

— Tope là. Allez, go, top chrono. »

Elles sont reparties en courant et en hurlant. En quelques secondes une grande ronde sautillant entre les slogans s'est formée au milieu du carrefour, et toutes les voitures se sont arrêtées et se sont mises à klaxonner.

Cinq minutes plus tard, la rue avait déjà oublié les infirmières.

Et moi, j'essayais de retrouver les mots d'une phrase dont l'idée s'était répandue entre les infirmières, nous et les voitures bloquées sur cette immense intersection.

Une phrase de flic entendue il y a longtemps, et qui exprimait que l'*ordre public* se trouvait quelque part entre un désordre acceptable et l'ordre insupportable.

Constat à l'amiable

Je ne me souviens pas de ce qu'on faisait dans ce secteur, mais ce n'était pas du tout nos terres de chasse habituelles. Nous étions banlieusards, et je nous revois sortant d'un tunnel non loin de la gare Montparnasse. Et moi, disant à mes collègues que j'adorais la Bretagne, mais juste celle qui est coincée entre les bars à chouchen de la rue de l'Arrivée et la crêperie de la rue du Départ. Celle du bord de mer du bout du monde, je ne lui trouvais pas le charme qu'on lui prétendait. Le vent breton, très peu pour moi, je préférais ne pas m'éloigner du périphérique, là où tout le monde est chez soi en s'épargnant des spasmes de crise identitaire régionaliste pour exister.

Nous roulions donc en nous racontant des bêtises, quand soudain dans le flot de circulation qui nous précédait, nous avons entendu un violent coup de freins, suivi d'un choc. Nous avons aussitôt allumé la boule bleue et la musique qui va avec, et nous sommes approchés. Une moto était couchée sur le flanc, et son pilote gisait quelques mètres plus loin, immobile. Au même moment, une voiture prenait la fuite dans un crissement de pneus, nous laissant tout juste le temps de noter son numéro d'immatriculation. Tout en signalant le véhicule coupable à la radio, nous nous précipitions au plus urgent : le motard et sa monture, tous deux terrassés.

« Tiens, c'est la même moto que celle d'Helmut et la tienne ! »

Helmut était un collègue de la brigade, et nous partagions le même goût pour cette formidable machine à avaler les kilomètres en ligne droite et en courbe. Il l'avait eue en premier, m'avait fait goûter à ses performances, et j'avais cédé à la tentation peu après. On avait la même. Noire et grise, discrètement pailletée de bleu au soleil, racée et sobre, gaulée comme une bête de course, confidentiellement débridée avec cent quarante-sept dadas sous les cache-culbuteurs, et un compteur qui n'affichait pas trois cents pour la frime.

« Si c'est pas malheureux de jeter un bel objet comme ça par terre », je fanfaronnai en regardant la moto démolie, la fourche en forme d'équerre, se vidant de tous ses fluides sur le bitume.

« Tiens, le type a le même casque qu'Helmut !

— Oh non, mais c'est pas possible, regardez, c'est lui... »

Comment ne l'avais-je pas reconnu au premier coup d'œil ?... Pas l'habitude de le voir par terre plié dans une position défiant la mécanique anatomique... Je lui avais déjà fait la remarque qu'il ressemblait à un crapaud sur une boîte d'allumettes quand il était au guidon de la bécane, mais de voir là mon batracien tout bizarrement étendu sur l'asphalte, et qui ne bougeait plus, j'étais pétrifiée d'incompréhension et d'angoisse. Pourquoi lui, pourquoi nous, pourquoi ce hasard qui, loin de chez nous, apportait au lot des interventions du jour l'accident de notre collègue. Je n'arrivais pas à le croire.

Je me suis approchée de lui pendant que mes collègues demandaient la présence des pompiers et retenaient sur les lieux les témoins de la casse. Il était blême sous son casque, il avait les yeux clos, sa respiration était très rapide. Je le connaissais trop bien, j'étais démunie, je n'osais aucun geste.

« Helmut ?

— ...

— Helmut !

— ...

— Helmut, t'as mal où ?

— ...

— Helmut, parle-moi, dis-moi quelque chose, je t'en prie !

— ... »

Rien, il ne disait rien. Je ne savais même pas quelle partie de son corps si parfait avait encaissé le choc. Je voyais les dégâts sur la moto mais pas sur lui. Mon cœur battait comme jamais il n'avait battu en intervention.

« Helmut... »

On était cons aussi, avec nos motos. On allait vite, on oubliait l'imprudence des automobilistes. Ce moteur était une perfection de mécanique, il montait tranquillement dans les tours jusqu'à des vitesses indécentes. Ça faisait du bien, ça vidait la tête.

« Helmut, parle-moi, espèce de con... »

Je pensais à Jean-Marc, un autre collègue qui s'était fait arrêter par les CRS de l'autoroute pour excès de vitesse, avec sa petite femme derrière lui. « Monsieur, vous rouliez à deux cent cinquante-neuf kilomètres/heure ! » ils lui avaient dit. Jean-Marc avait posément retiré son casque et leur avait fait remarquer que s'ils avaient installé le radar trois cents mètres en amont en sortie de courbe, ils l'auraient chopé à deux cent soixante-dix, et que franchement, ce n'était pas une façon de bosser. Après quoi, il avait sorti sa carte bleu, blanc, rouge et décliné sa profession, ce qui avait engendré un déluge d'injures de la part des CRS et un retrait de permis très peu de temps après.

Helmut ne bougeait toujours pas. Je le trouvais pâle, bien trop pâle pour être complètement vivant. On devait être là depuis deux minutes qui me paraissaient une éternité. Je n'osais pas le toucher, je me disais que son intérieur devait être en bouillie.

« Helmut, t'es mort ? »

C'était bizarre cette situation, je préfère tellement avoir affaire à des inconnus, je suis tellement plus efficace. Là, j'étais misérablement penchée sur mon vieux copain, mon grand frère d'armes, presque en train de pleurer mon incapacité d'accomplir le moindre geste qui l'eût soulagé, et je pensais sa mort imminente.

Comme pour conforter mes lugubres pensées, un drôle de bruit s'est échappé de son casque, une sorte de râle incertain et rauque.

« Helmut ! Tu es vivant !

— Raaaaaa... », eut-il comme seule réponse, et je me demandai si c'était à ça que ressemblait un dernier soupir.

Puis sa main gantée de cuir s'est lentement détachée du sol et a fait un signe dans ma direction. « Viens », semblait-elle dire. Tout doucement, avec lenteur, avec douleur, sa main m'intimait de m'approcher tout près de lui.

« Raaa... aaaah... »

Il souffrait, c'était la fin, me disais-je, il va me dire ses derniers mots, ses ultimes volontés, peut-être me prier de vider son placard, décrocher des photos et me donner ses balles à blanc en héritage. J'ai collé mon oreille sous la visière de son casque.

« Helmut ?

— Raa aaah aaaah...

— Dis-moi...

— Le constat... aaaah... aïe !

— Le constat ?

— Oui, le constat. Quand tu vas faire le constat. Pour la moto. Pense à rajouter la petite rayure sur le côté droit du carénage et le clignotant arrière du même côté. Elle est très abîmée, sinon ? »

[illegible]

[illegible]

— Rien [illegible].

Il [illegible] photo [illegible]

[illegible]

— [illegible].

[illegible] contrat [illegible]

— Le contrat [illegible]

— Oui [illegible]

Pour [illegible]

[illegible]

L'instant

C'est un instant dont il ne restera rien, mais c'est un instant définitif.

Que l'on confondra et qu'on noiera dans le temps, parce qu'il appartient à l'avant et à l'après. Cet instant entre l'avant et le rien. Entre le bruit et le silence. Entre le cri et le silence. Cet instant du hasard, d'un fil de temps en trop, en retard, en avance. Le temps attendu, le temps qui surprend, ou le temps qui trahit. On dit le sort, on dit le destin, on dit que c'était l'heure, ou un mauvais hasard. Le destin n'a rien signé, on ne croit pas au sort ni au hasard, et je n'ai pas toujours regardé l'heure. Mais j'ai vu l'instant. Hors du temps. Rien n'avait bougé, personne ne s'était approché. Pas encore. Mais j'étais dans l'instant. Avant, il y avait la fenêtre. Là, un suicide. Je ne sais pas s'il est mort. Rien n'a bougé. Avant, la route. Ici, l'accident. Mais je n'ai pas encore regardé. Je n'entends rien d'autre que les craquements du métal tordu. Avant, il y a eu la haine, la colère. Et à mes pieds, un ventre ouvert. Je ne sais pas s'il est mort. C'est encore dans le silence de l'instant. Rien n'a bougé.

Après cet instant, parcelle de l'avant, tout est fini, et le temps peut reprendre son cours. On ramasse, on note, on mesure, on met des gants et on sort ce qui se trouve dans les poches des morts. On prend notre temps. On gagne du temps. On devine l'avant et on constate l'après. L'instant n'a pas de nom, il est la cause et la conséquence. L'instant est au carrefour, ou dans le fil d'un couteau. L'instant s'injecte. L'instant est expiré par le choix d'un après.

Quand l'avant veut retenir le temps, l'instant laisse une trace. Ce sont les objets qui tombent des morts. Dans sa chute, un défenestré a perdu sa chaussure. Une pauvre chaussure en plastique qui s'était fendue plus que son crâne. Une chaussure de misère qui racontait la cause et la conséquence. Une chaussure sans lacets, l'autre en avait. Du plastique qui faisait semblant d'être du cuir, mais le cuir ne se fend pas, et il reste aux pieds des morts. Et cette femme qui serrait dans sa main morte une photo déchirée. C'était l'image de l'instant, qui, en quatre morceaux, contenait le temps de l'avant et le temps de l'après. Et il y avait cette fille morte et belle. La shooteuse est encore dans son bras, le piston est poussé à fond de rêve. Accident de moto. Le gant est posé dans le caniveau, indifférent à l'eau et à l'immondice, il a la courbure de la main. Une main nonchalante dans un gant vide.

Objet, intime morceau de rien qui résiste encore, qui retient le souffle d'avant l'instant.

Posé à côté de l'après.

Comme un tout petit témoin inutile.

Le risque

Ils ont pris le petit passage, la voie pour piétons qui longe l'arrière des bâtiments de la cité, celle qu'on prend chaque fois que ça bouge un peu pour les coincer côté jardin, tous les flics la connaissent, juste assez large pour la voiture, mais là il m'a dit que c'était tout calme, c'est l'été, les gens ne partent pas là-bas, mais ils sont plus détendus, ça doit être le soleil, et pourtant dès qu'il fait chaud ça pue sur les trottoirs à cause des poubelles, mais à la longue on doit s'y habituer quand on y vit, alors les vieux descendent des chaises dehors, comme au bled, et ils papotent comme s'ils étaient en terrasse, ils sont marrants, ils ont de l'imagination, enfin c'est ce que je me dis, et puis il faut dire qu'ils ont souvent de la visite de la famille du bled justement, les enfants sont en vacances, ils peuvent en profiter un peu, faire connaissance, remarque ces mômes-là ne parlent pas l'arabe, c'est pas évident, mais aller là-bas c'est risqué, ma voisine m'a raconté qu'un matin sa belle-mère avait trouvé la tête décapitée de son fils sur le balcon, elle ouvrait les volets et elle voit ça, la tête de son fils, à Alger en pleine ville, alors tu penses que les gens d'ici ils n'ont pas trop envie d'emmener leurs gamins là-bas, ils préfèrent payer le charter à la famille, du coup ils disent qu'ils sont immigrés là-bas autant qu'ici, le cul entre deux chaises, en plus au bled, ils pensent qu'ici ils vivent comme des princes, tu parles, t'as vu le château, enfin voilà, ils patrouillent dans la cité qui est toute calme, le clébard à l'arrière qui roupille, eux les fenêtres ouvertes, ils n'y croient pas trop qu'ils vont faire une affaire, à cette heure-là il n'y a rien, et puis là, avec les vieux dehors à l'ombre, les mômes qui jouent au ballon, les mamans qui se promènent avec les poussettes, la cité ressemble à un village de vacances, enfin, en rêve, pas un arbre, pas une aire de jeux, le panier de basket a été volé, démonté et volé, mais qu'est-ce qu'on peut faire d'un truc pareil, de l'art moderne peut-être, il y aurait bien un abruti pour trouver qu'un panier de basket au plafond c'est artistique, surtout si ça vient d'ici, le grand frisson, peur sur la ville, de l'art urbain avec du matos volé, alors voilà, les mômes ils tournent en rond, ils font des conneries avec ce qu'ils trouvent, ils traînent, et les autres avec le chien, ils tournent aussi, et comme ils avaient fait une belle prise de poudre trois jours avant, ils se sont dit qu'ils en avaient peut-être oublié quelques grammes, ou que le juge avait relâché le type, toujours la même histoire, on travaille, on fait des belles procédures bien carrées, les stups prennent l'affaire, défèrent le gars, et lui nous rigole au nez, libre deux jours après, on peut se demander à quoi on sert, mais ils s'en fichent, ils ne se rendent pas compte, ils ne peuvent pas, ils n'habitent pas là, ils ne travaillent pas là, ils n'ont jamais vu un tox en manque se pisser dessus, ils ne craignent rien pour leurs gamins, ils sont dans des quartiers tranquilles, l'autre soir dans mon immeuble, une gamine de quinze ans a fait une overdose en faisant du baby-sitting, quand les parents sont rentrés, ils ont trouvé la fille raide dans son vomi, et le bébé qui braillait tant qu'il pouvait, ça les juges ils ne connaissent pas, ils n'ont pas ça dans leur salon, et ils ne passent pas l'été dans une cité, alors un dealer de plus ou de moins dehors, ils s'en moquent, c'est pas chez eux, mais celui-là qu'ils avaient interpellé l'autre soir, avec toute sa dope, c'était un sérieux, pas d'ici en plus, mais c'est là qu'il vendait, et c'est pour ça qu'ils sont revenus voir, dans le petit passage derrière les immeubles, c'était tout paisible, ambiance d'été, odeurs de cuisine et musique par les fenêtres, tout le monde ouvre en grand les carreaux par cette chaleur, ils ont entendu des enfants rigoler, et puis un bruit énorme, sur le toit de la voiture, un craquement, de la carrosserie déchirée, et d'un coup le toit s'est affaissé à la limite de leurs têtes, en même temps le chien s'est mis a aboyer comme un fou, et ils ont vu entre eux, entre les deux sièges, une sorte de pieu en métal qui avait traversé le toit de la voiture et s'était fiché exactement au milieu, entre eux, un montant d'échafaudage qui avait été transporté là-haut par on ne sait qui, par on ne saura jamais qui, et ils ont eu de la chance que ça ne les touche pas, vraiment une bonne étoile ce jour-là, mais évidemment quand il y a eu l'enquête, le truc venait de nulle part, et puis comme il n'y a pas eu de blessé ni de mort, dans le fond, le juge s'en foutait un peu.

A86

On roule sur l'A86. On va sûrement vers une des cités où l'on travaille le plus. Les vols, les agressions, la came. Les overdoses.

Je ne me rappelle plus où. Je me rappelle de moins en moins.

Les cités sont souvent près des accès aux autoroutes. Je ne sais pas pourquoi.

« TV12, vous êtes toujours sur le secteur Nord ?

— Affirmatif, TN92.

— TV12, A86 sortie Nanterre centre, direction Paris, vous allez vous rendre en renfort pour une déviation de circulation. Accident mortel, les pompiers sont sur place. »

Le chauffeur arrache le micro de la main du chef de bord.

« Négatif TN92, nous sommes en interpellation. Pas disponibles.

— C'est reçu à TN92. »

On roule sur l'A86.

« Pourquoi tu dis ça ? Pourquoi on n'y va pas ? »

Il ne répond pas.

Le chef de bord ne dit rien, il regarde loin, ailleurs.

On a continué à rouler sur l'A86, et on est allés dans une cité. Je ne me rappelle plus laquelle. Je ne me souviens pas de ce qu'on a fait ce jour-là. Vol, agression, came, overdose, je ne sais plus.

Puis on est rentrés à la fin du service.

« Pourquoi t'as dit ça ? Pourquoi on n'y est pas allés ?

— Tu vas où, là ?

— Je ne sais pas. Nulle part. Enfin, chez moi.

— Quelqu'un t'attend ?

— Non.

— On va boire un verre ?

— Si tu veux. »

On est allés dans un rade pourri, pas loin. À Nanterre centre. C'était moche, il était tard, il n'y avait que ça d'ouvert. Et on n'avait pas envie d'aller plus loin.

« Tu bois quoi ?

— Un gin sec.

— Pareil. »

J'aime quand tu dis qu'on est pareils.

« Pourquoi on n'est pas allés sur l'accident de l'A86 ?

— J'aime pas les accidents sur l'A86. Où tu veux, mais pas là.

— Pourquoi ? »

Quelques mois auparavant, il avait reçu un appel radio.

« TV12, vous êtes sur le secteur Nord ?

— Affirmatif, TN92.

— TV12, A86 sortie Nanterre Université, direction Paris, un accident vient de se produire, pompiers prévenus.

— C'est bien reçu, TN92, on est en route. »

Il avait mis le deux tons et le gyro. Et il avait accéléré.

Une voiture avait percuté un mur de l'autoroute. On n'a jamais su pourquoi. Pas de témoins. Pas eu le temps de comprendre.

Il s'est garé à quelques mètres. Son équipier est parti en courant vers la circulation, sifflet à la bouche, pour dévier le flot de voitures.

Il s'est approché de la tôle tordue.

Une femme était à la place du conducteur et tentait de détacher sa ceinture.

« C'est coincé ! » disait-elle.

Il a essayé d'ouvrir la portière.

« C'est coincé », il a dit.

Il y avait le petit à l'arrière dans son siège, mais il ne pouvait l'atteindre sans ouvrir cette portière.

« Aidez-moi ! » elle a crié en tirant encore sur sa ceinture.

Là, il a vu que, de toute façon, ses jambes étaient avalées par l'avant de la voiture, que le volant la collait au siège, et qu'il fallait que les pompiers arrivent vite.

« Je vais vous aider, madame, restez calme.

— Mon bébé ?

— Il va très bien, je vous le promets. Il n'a rien.

— J'ai envie de vomir.

— Les pompiers arrivent, madame, on va vous sortir de là. »

Puis il y a eu un bruit dans le moteur, sous le capot défoncé. Et de la fumée.

« Aidez-moi. »

Il y avait l'autre là-bas, trop loin, et qui lui tournait le dos et qui faisait de grands signes aux voitures pour qu'elles passent sur l'autre voie.

« Aidez-moi. »

Il ne parvenait pas à ouvrir cette putain de portière qui était bloquée, et la femme était coincée dans la tôle, avec le moteur qui lui couvrait les jambes. Elle répétait : « Aidez-moi. »

Et la voiture se remplissait de fumée.

Il a bu son verre d'un trait.

« Et là, tout s'est embrasé. C'est parti d'un coup, c'est venu du moteur. Moi, je ne pouvais rien faire, tout était coincé. La femme, la portière, la ceinture. Et je ne sais pas ce qui m'a pris, je lui ai hurlé dessus "Aidez-moi !" Le bébé toussait, pleurait, il a compris avant la mère, je me suis dit après. »

J'ai fini mon verre.

« Elle, elle pigeait rien, tu vois, ou elle sentait rien, elle me regardait. J'ai dû m'éloigner à cause de la chaleur. L'autre, il faisait toujours la circulation, il n'a rien entendu, j'étais comme un fou, je criais "Aidez-moi !" pendant que la voiture brûlait.

Alors, l'A86, je roule dessus mais je ne m'arrête plus. Pas encore. »

Les verres avaient fait des ronds sur la table, et on avait fait des traces de doigts avec les ronds pour dessiner des soleils liquides.

« On reprend la même chose ? »

Orly

Il y a des gens qui vont à Orly pour partir. Il y a ceux qui y vont pour attendre des gens qui reviennent. D'autres pour pleurer à cause de ceux qui partent. Nous, on allait à Orly pour regarder les avions. Simplement les voir s'envoler, eux le nez vers le ciel, et nous le nez en l'air.

On connaissait un petit chemin qui nous menait droit au bout d'une piste.

Au détour d'une route départementale, il nous fallait franchir une sorte de barrière métallique fermant l'accès d'un chemin de terre, marqué de larges ornières creusées par les engins d'entretien de l'aéroport. Quand on était certains de ne pas être vus, qu'aucune voiture n'approchait, on ouvrait un des battants, juste ce qu'il fallait pour laisser passer quatre roues, après quoi nous empruntions un dédale de chemins à travers champs pour nous retrouver derrière un grillage, juste là où la piste s'arrête.

À cet endroit, personne ne pouvait lire le mot « police » sur la voiture, et personne ne pouvait nous apercevoir.

On aimait bien y prendre une pause, dans ce coin-là. On était tout au bout du département, encore un peu chez nous, et presque en voyage. Souvent, on en profitait pour manger un morceau, souvent c'étaient des sandwichs de merguez et de frites qu'on avait achetés au passage, toujours au même endroit ; le cuistot était gentil, il nous rajoutait de la salade et des tomates. Et nous, on mangeait là, comme en pique-nique, au bout du chemin, les pieds dans les coquelicots.

On attendait les avions. D'où on était, on les voyait tourner lentement et s'immobiliser dans l'axe au loin, très loin au bout de la piste. On entendait le ronronnement assourdi des réacteurs, puis leur sifflement grandissant. On voyait l'avion arriver droit sur nous et grossir entre les petites lampes de la piste. Juste avant de pulvériser le grillage et de nous écraser, nous, la voiture et nos merguez-frites, il passait au-dessus dans un tonnerre de bruit extraordinaire, le plus grand bruit qu'il nous était donné de connaître. Pour se défouler, on criait en même temps, à s'en casser la voix, mais de toute façon on ne pouvait pas s'entendre crier. L'avion à quelques dizaines de mètres au-dessus de nous, si près qu'on voyait les gens derrière les hublots, avait raison de tout autre bruit que le sien. Nous, ça nous faisait du bien de crier, c'était sûrement la seule occasion de crier aussi fort sans gêner personne. L'avion était encore très bas quand on le voyait rentrer ses trains d'atterrissage avec un bruit particulier, puis il s'éloignait, suivi de ses deux traînées blanches. On ne se demandait jamais où ils allaient, ces avions. Dans le fond, on s'en fichait un peu. On venait juste là pour être tranquilles au bout de la piste, pour se faire peur et pour crier. Beaucoup d'entre nous connaissaient cet endroit, à l'extrémité du département. Il y en a même qui prétendaient avoir assisté à un détournement, de loin, qu'ils avaient vu des pirates de l'air, mais qu'ils ne l'avaient raconté à personne ce jour-là, parce qu'ils étaient censés être ailleurs, vers le nord du secteur. Moi, j'avais un peu espéré assister à un crash ou quelque chose de grave, mais je m'étais dit que ça m'aurait fichu mauvaise conscience, alors j'ai arrêté d'en parler pour ne pas porter la poisse. Je suis sûre que les autres y ont pensé aussi. Les avions ont toujours décollé normalement très près au-dessus de nos têtes. Comme il y avait beaucoup de trafic, le temps de manger nos casse-croûte, on avait largement le temps d'assister à plusieurs décollages. On voyait énormément de lapins au bord des pistes d'Orly, on se demandait comment ils n'étaient pas gênés par le bruit. De génération en génération de lapins d'aéroport, ils devaient s'y être habitués.

Quand on avait notre soûl de bruit, les tympans saturés de bourdonnements et les cordes vocales éraillées, nous repartions travailler, détendus, apaisés et satisfaits. Jusqu'à un prochain jour où l'un de nous disait : « Et si on allait voir les avions ? »

Des années plus tard, j'ai essayé de retrouver le passage. Je voulais revoir les avions et m'assourdir de leur bruit. J'ai cherché, il me semblait pourtant me rappeler l'endroit, mais je ne l'ai pas trouvé. J'ai voulu refaire le chemin depuis cette petite épicerie où on allait chercher les merguez, mais je ne l'ai pas retrouvée non plus.

Il y a plusieurs endroits comme ça dont je n'ai jamais retrouvé le chemin. Ce n'est pas qu'ils n'existent plus, ce n'est pas une affaire de mémoire non plus. C'est juste une alchimie qui ne peut plus se faire.

Des motos et des avions

Le ministre avait rendez-vous au Salon du Bourget. Comme chaque année, et comme ses prédécesseurs, il allait rencontrer des patrons de l'industrie aéronautique, assister à des démonstrations et peut-être conclure des contrats. Les Mirage ne passeraient pas haut dans le ciel, crâneurs, ils voleraient sur le dos, et il serait aux premières loges sous le souffle et le bruit, à deux pas du mur du son.

Deux motards avaient été chargés de l'accompagner de Paris jusqu'au bord des pistes. En descendant de voiture, le ministre les avait salués et remerciés, et à leur tour ils lui avaient souhaité une bonne journée en plaisantant : « Faites attention à vous, monsieur le ministre, le plafond est bas aujourd'hui ! »

Puisque rien ne pressait, et qu'il faisait beau au-dessus des avions de chasse qui se préparaient à la fête, ils avaient profité de l'opportunité d'être dans cette zone très protégée pour traîner un peu à côté des appareils et s'en émerveiller comme des gamins.

Un avion beaucoup plus petit et discret que les autres, autour duquel s'affairait un homme en bleu de travail, était garé à l'écart entre deux hangars. Les motards s'approchèrent, curieux de savoir s'il allait voler entre des bombardiers ou faire de la voltige en solo.

« *Hi*, messieurs de la police ! » leur lança l'homme avec un fort accent britannique, et ils apprirent qu'il s'agissait en fait d'un petit avion de la poste qui faisait quelques allers-retours quotidiens vers l'Angleterre.

« Vous venez avec moi à Londres ? *You come with me ?* Je décolle *just now* dans cinq minutes !

— C'est-à-dire que… on est en service, là.

— *We will be back*, on sera de retour dans une heure et demie ! »

Les deux motards s'étaient regardés et compris d'un sourire. Ils n'avaient aucune envie de résister à la tentation d'un petit voyage inattendu. Le reste pouvait bien attendre, après tout. Il leur suffirait de dire que le ministre avait eu besoin de leurs services un peu plus longtemps que prévu, l'environnement pouvant tout à fait justifier d'éteindre la radio et de quitter les ondes, ce jour-là.

Ravis, ils étaient montés dans l'avion où le pilote les attendait déjà, avaient jeté leurs casques parmi les sacs de courrier et, quelques instants plus tard, l'appareil avait décollé.

Dans l'après-midi, le chef de brigade de la compagnie motocycliste reçut un appel à peine audible.

« Allô, chef ? Écoutez… Nous ne pourrons pas revenir à l'heure, ce soir… On est… coincés. On ne peut pas assurer le retour du ministre, il faut que vous envoyiez une autre équipe pour l'escorte.

— Ah ! Vous êtes en interpellation ? Besoin de renfort ?

— Non, chef, nous sommes hors secteur.

— Où êtes-vous ?

— Nous sommes à Londres, chef. On ne peut pas décoller. Le brouillard, chef... Le brouillard... »

Le commandant

Le commandant n'était pas policier, mais fonctionnaire. Ce qui ne l'empêchait pas de se prendre pour une éminence aristocratique de la police. Il se faisait conduire au poste et ramener à son domicile par un véhicule de service, sans se soucier de savoir si ça allait démunir des vrais policiers d'un de leurs outils de travail. Il s'installait à l'arrière de la voiture, croisait les jambes en prenant grand soin de ne pas faire de pli à son pantalon, et lisait son horoscope dans *Le Parisien* sans adresser la parole au chauffeur.

Il s'habillait de costumes gris à rayures parce qu'on avait dû lui dire, vingt ans auparavant, que c'était plus chic. Et quand il était en uniforme, il avait l'air déguisé… Heureusement, il ne le portait guère et ne sortait pas plus souvent de son bureau. Son activité principale consistait à épier ses subordonnés, en embuscade derrière le rideau crasseux de sa fenêtre, et à les convoquer pour leur signifier de graves fautes professionnelles auxquelles il était très sensible. Mais comme il ne se passe pas grand-chose devant la porte d'un commissariat, et que s'en éloigner lui donnait des sueurs froides, le pire manquement déontologique qu'il ait pu constater était le non-port de la casquette. Il considérait que franchir les quelques mètres de trottoir entre le seuil du poste et la police-secours, tête nue et casquette à la main, relevait d'une excentricité inqualifiable pour un policier en uniforme. À peu près tout le service avait défilé tête basse devant ce pointilleux galonné pour se voir servir le discours-de-la-casquette.

Le commandant aimait les chiffres. On voulait une police de qualité, et lui ne désirait qu'une police de quantité. Il disposait de petits tableaux besogneux qu'il remplissait soigneusement au jour le jour du résultat de notre activité, brigade par brigade, et il en faisait des statistiques, des péréquations et surtout des additions. Il avait un jour condescendu à venir à l'appel de la brigade et, dans un élan rhétorique suffisamment rare pour être remarqué, il nous avait dit d'un ton sentencieux qu'il préférait qu'on lui ramène dix étrangers en situation irrégulière qu'un braqueur. L'étranger en situation irrégulière n'était policièrement pas très motivant, puisqu'il suffisait de se placer à la sortie du métro et de tendre le bras pour en attraper un... ou les deux bras pour en attraper deux. Et nous pensions – naïvement – qu'un braqueur était dix fois plus dangereux que dix étrangers sans papiers, réalisant une fois de plus que la perception du métier évoluait vers l'abstrait et l'incohérence en même temps que le déroulement de carrière, et que si le commandant aimait compter, il se foutait éperdument de ce qu'il comptait.

Alors, il aimait par-dessus tout les PV, car il pouvait en faire des petits tas sur son bureau, faciles à manipuler et à compter. Contrairement aux délinquants, moins manipulables et empilables, plus encombrants, et surtout plus irritables.

Le commandant, qui aimait les chiffres, aimait aussi le whisky et ne comptait pas les verres, ni ce que ça lui coûtait, parce que dans son secteur il buvait à l'œil en échange des PV qu'il faisait sauter et qui, du coup, échappaient à ses statistiques. On savait qu'il avait bu et la quantité approximative de verres descendus à la fréquence d'un tic nerveux qui lui faisait cligner de l'œil.

Il nous faisait honte. Alors un jour, je l'ai balancé à un syndicaliste qui se targuait d'intégrité et de rigueur, et qui avait la réputation d'avoir le bras long. Il m'a répondu : « Que veux-tu, il est commandant, pas toi. Fais avec. Pas de vagues... »

Tox

Les toxicos ne ressemblent qu'à eux-mêmes, en plus abîmés.

Dans certains mondes, dans d'autres quartiers, ils maquillent leur délabrement, ils ont un reste d'arrogance. Ils sortent la nuit sous les stroboscopes et dorment le jour, abandonnant le doute aux cernes de leurs yeux. Ils ont la dope provocante pour certains, et la défonce romantique pour d'autres. Ils se piquent plutôt dans le pli du genou ou sous la langue, ça se voit moins. Leur calvaire est à l'abri de la rue tant qu'ils peuvent payer.

Mais ici, ceux que l'on croise, qu'on interpelle ou qu'on embarque n'ont que faire de leur apparence depuis bien longtemps. Ils n'ont plus rien à cacher, ils ne vivent que pour elle, soumis à la loi quotidienne de leur dépendance à la came. L'héroïne décide de leurs jours.

Pour une dose, une seule dose, quand le manque devient douleur, ils tueraient leur mère. Frissonnant en plein été dans des pulls crasseux, le regard plein de l'urgence du shoot, maigres, sales, on sait où ils vont. Au plus vite après la transaction, il leur faut trouver une planque, un escalier, une cave, une entrée d'immeuble, n'importe où, poser un garrot de fortune, serrer le lien avec les dents, et vite planter l'aiguille dans la veine pour appuyer sur le piston avant qu'un flic passe, on ne sait jamais. Juste ne pas se faire prendre avec la came, ne pas se la faire confisquer ou la voir partir dans le caniveau. Ne pas attendre, se soulager jusqu'aux prochains signes de manque, se tuer un peu plus, le temps de voler, d'agresser, de cambrioler, quand ils ont encore la force d'appuyer sur un pied-de-biche, pour s'offrir la dose du soir ou du lendemain. Ne pas penser plus loin, ça ne sert à rien. Ne pas regarder ses bras qui sont devenus des chemins bleuâtres d'infections et de plaies, au point parfois de dégager une puanteur morbide. Chaque jour, trouver de l'argent, puis la came, se piquer et recommencer.

Et chaque jour, c'étaient ces toxicos que nous voyions, entre les squats et les arrière-cours, entre la rue et les urgences ou les gardes à vue.

Un soir, nous avions repéré un petit groupe aux abords d'un squat, ils étaient deux hommes et une femme. J'étais jeune flic alors, il me manquait d'avoir vu bien des choses pour tout comprendre.

« Occupe-toi de la femme, m'avait dit mon collègue, je me charge des deux types. De toute façon, je suis sûr que c'est elle qui est chargée, tu verras. Et regarde ses bras.

— Elle ? »

Je regardai la jeune femme qui se tenait droite, un petit sac en cuir à la main, l'air très calme. Elle portait, je m'en souviens, une longue jupe rouge, des sandales à talons, et ses cheveux étaient attachés en queue-de-cheval avec un sage nœud de velours noir.

« Elle ? »

Je n'y croyais guère. Elle accompagnait les deux hommes et subissait leur came sans y toucher, elle était trop bien mise, trop jolie pour ça. Je l'imaginais comme la compagne triste et résignée de l'un des deux autres, c'est la tragédie en sourdine que semblait me raconter son regard.

« Vous sortez du squat, là ?

— Oui.

— Vous avez quelque chose sur vous ?

— Non.

— Une seringue ?

— Dans mon sac. »

Et comme par habitude maintes fois éprouvée, elle a posé tout doucement son sac par terre et s'est redressée tout aussi lentement.

« Elle est au fond de mon sac, m'a-t-elle répété.

— Remontez vos manches. »

J'avais tellement envie de croire que la shooteuse n'était pas à elle, mais à l'un des deux hommes, qu'elle l'avait mise dans son sac juste comme ça, pour qu'on puisse se balader dans un monde d'évidences...

Elle a retroussé les manches de son élégant chemisier blanc et m'a montré ses bras, ses bras maigres de toxicomane. Du poignet au pli du coude, là où la peau est si tendre, le long des veines, irrégulières et boursouflées, je voyais des trous, des abcès de pus, des plaques violacées. Et sur l'un de ses deux avant-bras, le souvenir sclérosé d'un suicide manqué, presque efficace, parallèle au chemin bleu de la veine.

Elle a eu un frisson.

« Vous avez des doses sur vous ? Posez le contenu de votre sac sur le capot de la voiture, s'il vous plaît.

— Oh, il n'y a rien dedans, je viens de la prendre, là, tout à l'heure. C'est fait. »

Et elle avait vidé son sac qui contenait peu de choses, des préservatifs et une shooteuse.

Elle ne se piquait plus dans les avant-bras depuis plusieurs semaines, ils étaient trop abîmés, et elle craignait une infection de trop parce qu'elle avait le sida. Un peu plus tard, quand on eut embarqué tout le monde, elle et ses deux clients, et que j'ai procédé à une fouille rapide de ses vêtements, j'ai compris pourquoi elle portait une jupe si longue. Elle était si décharnée qu'elle pouvait injecter la came dans les veines qui courent à l'intérieur des cuisses et des mollets. Elle m'a dit qu'à force elle ne ressentait presque plus l'aiguille. Elle m'a aussi confié qu'elle n'avait jamais pu s'arrêter, mais que ça n'avait plus d'importance parce qu'elle n'avait pas d'autre choix que d'attendre de mourir de ça ou du sida.

Le tam-tam

C'est un soir chaud comme un ailleurs qui ne ressemble pas à ici. Chaud comme les odeurs de cuisine aux épices d'Afrique du Nord et de plus loin, qui se mêlent dans le courant d'air qui passe, nonchalant, devant les fenêtres ouvertes. Chaud comme les voix des femmes qui appellent les enfants au repas du soir, penchées aux balcons de l'immeuble, offrant à la nuit claire leur profil de reine de Saba. Chaud comme le son du tam-tam solitaire qui célèbre un rythme oublié, dans un petit parc à deux rues de là.

Je suis dans la pénombre, le rideau blanc, qui ondule dans le souffle tiède, a ce soir la légèreté d'une moustiquaire. Il suffit de fermer les yeux ou de regarder le ciel, les étoiles et les nuages bleus de la nuit, pour se rêver loin d'ici. Je suis au dernier étage, il y a un horizon de soie sombre et des mouettes sur les antennes de l'immeuble d'en face. La mer aurait pu être à deux pas de là.

C'est l'été. L'air sent l'asphalte, le safran et la paix. Je m'endors près de la fenêtre, glissant dans un souvenir d'enfance, sur une petite île éclairée d'une seule ampoule électrique autour de laquelle papillonnent et bruissent de petits insectes verts.

L'air est moite, le sol est chaud sous les pieds nus. Le ciel est une immense encre de Chine, le petit bateau amarré au ponton de bambou a des relents d'essence qui restent accrochés à l'air immobile. Sous les palmes des grands arbres, sous les milliers d'étoiles, il y a des petites torches qui tracent un chemin jusqu'à un feu de bois dans un rond de pierres et de galets. Autour des flammes, des voix claires appellent les enfants au repas du soir, des femmes sont accroupies sur leurs talons, ceintes de batiks sombres. Leurs mains brunes et lisses préparent un plat de riz et de poisson. L'air sent le safran.

Et dans l'harmonie du chant nocturne des grillons métronomes, le tam-tam fait battre le cœur du monde.

J'entends des rugissements et des voix sourdes. Je tourne la tête et je ne vois rien. Personne ne semble entendre, chacun continue à partager paisiblement, autour du feu, le riz qui colle aux doigts. Je regarde encore vers la mer et le petit sentier balisé par les torches.

Puis j'ouvre les yeux et je vois trois grosses étoiles fades tombées du ciel de soie. Trois réverbères qui éclairent un mur aveugle. Et toujours le tam-tam inlassable et ces grondements dans la rue. Je me lève, je vais au balcon et je les vois.

Il y a là deux jeunes hommes face à face au milieu de la rue, dans la bulle hermétique de leur colère. Ils se toisent, se jaugent et se tournent autour. Ils grognent, les poings en avant, aucun d'eux ne touche l'autre. Ils bougent en symétrie, dans un cercle où leurs ombres mêmes ne s'aventurent pas à se frôler. Ils respirent fort sans se quitter des yeux. Et ils continuent à tourner lentement, leurs pieds glissant sur le sol, attendant du rival qu'il baisse la garde ou le regard.

Soudain, l'un d'eux arrache son tee-shirt et le jette à terre, aussitôt imité par l'autre. Ils feulent, baissent la tête, avancent encore les poings, leurs épaules nues luisent de sueur. La distance qui les laisse indemnes l'un de l'autre se réduit. Torses nus et haletants, face à face, ils se défient encore. Sans un son, ils se tiennent en arrogance et en respect. Et sans un mot, dans le même instant et le même geste, ils reculent chacun d'un pas, baissent les bras et desserrent les poings. Se dévisagent une dernière fois et, d'un pareil mouvement, souple et crâneur, se tournent le dos et s'éloignent du même pas.

Il ne reste rien d'autre dans la rue qu'un souffle de safran et au loin, un tam-tam qui bat le rythme des pulsations de la nuit.

[illegible]

[illegible] en trois [illegible]

[illegible]

Khadidja

Ce n'était même pas un parquet en bois. Elle aurait sûrement préféré. C'était un lino imitation bois, usé, avec des coins décollés, des taches de soleil pâle et des brûlures de cigarette. Elle avait repoussé contre les murs les quelques meubles de la pièce de façon à former un carré vide, et elle s'était installée au milieu. Elle avait passé une tunique blanche et enserré sa taille dans une fine et large écharpe de satin blanc. Elle avait tiré ses cheveux en arrière, les avait tressés, avait maquillé de rouge ses lèvres et rosi ses joues.

Je pense qu'elle avait d'abord dû s'agenouiller, pieds nus, et s'asseoir sur ses talons, tournant le dos à la fenêtre. Elle avait entravé ses jambes avec une cordelette.

C'est comme ça qu'il fallait faire. Question de pudeur.

Puis elle avait posé le couteau face à elle, parallèle à l'axe des genoux, la lame tournée vers la gauche. Elle avait dû le regarder, quelques instants peut-être, ou un temps long comme un bout de vie.

C'est comme ça qu'il fallait faire. Sans une larme et sans un doute.

Elle avait écarté les pans de sa tunique et posé la pointe de la lame sur son ventre, à gauche de son nombril, en tenant le manche à deux mains. Elle a enfoncé la lame jusqu'au plus profond de ses entrailles, et elle l'a tirée à travers son ventre, au-dessus de la ceinture qui tentait de retenir ses intestins qui se répandaient sur le lino imitation bois.

C'est comme ça qu'il fallait faire. Il n'y a pas d'autre manière de le faire.

Elle a vomi sur sa tunique et elle est tombée sur le côté, les genoux serrés et les deux mains encore agrippées au manche du poignard.

Elle avait la position d'un fœtus assassiné.

Pourquoi a-t-elle fait ça, Khadidja ?

Ce n'est pas comme ça qu'il fallait faire.

Pourquoi n'a-t-elle pas fait comme ses copines de désespoir, avalé une boîte de barbituriques, de l'alcool ou n'importe quelle merde à destruction, et téléphoné aussitôt à ceux que ça emmerdera le plus. Les maudire. Les accuser. Les insulter. Leur dire que tout est de leur faute, qu'elle va crever sur l'autel de leur indifférence. Et ces cons-là, elle sait ce qu'ils auraient fait ? Ils auraient appelé les pompiers, ou bien nous, et on serait arrivés, on aurait défoncé la porte, on lui aurait collé des gifles en lui hurlant dans les oreilles.

« Parle-moi ! Parle-moi ! Ouvre les yeux ! Qu'est-ce que t'as avalé ? Où est la boîte ? »

Elle nous aurait d'abord détestés, puis elle aurait pleuré sur une épaule bleu marine inconnue et oublié qu'elle ne nous connaissait pas.

Pourquoi ne s'est-elle pas connement tranché les veines du poignet dans le mauvais sens, celui qui ne saigne pas trop, transversal, celui qui laisse des petits traits blancs qu'on exhibe avec complaisance, en se rappelant le jour où on n'a pas tout à fait voulu mourir. Ça lui aurait donné un genre, un air de ténèbres, un air de ceux qui n'ont peur de rien, pas même d'avoir mal, même si c'est que des conneries.

Ne pouvait-elle pas se suicider comme tout le monde ? Trafiquer son dernier rôle pour laisser une chance aux hasards de ceux qui n'en ont rien à foutre ? S'accorder un temps de plus pour s'y habituer, à ceux-là ?

Pourquoi n'a-t-elle pas joué l'hystérique ? Pourquoi n'a-t-elle pas fait semblant de mourir comme plein de filles de son âge ? Pourquoi tout ça ? Pour qui, tout ça ?

Quelle trahison, quelle infamie a-t-elle punie de cette façon-là dans sa djellaba blanche, avec son couteau de boucher ? Mais qu'est-ce qu'elle a fait, cette petite conne, c'est pas permis de faire ça comme ça. Elle avait le nom de la première femme, celle qui n'était même pas vierge, qui est restée la seule et l'unique jusqu'à sa mort. Elle croit qu'on ne l'a pas vue, la Kaaba encadrée sur le mur ? C'était quoi son déshonneur, à cette petite fille du bled, pour se crever de cette façon, sans personne pour le coup de grâce ? Même sa mise en scène n'était pas conforme.

Elle n'a pas laissé trois lignes sur un bout de papier. Khadidja, elle a tout écrit avec ses tripes, avec une encre rouge incompréhensible, qui puait le fer. C'était écrit trop gros, et on ne connaît pas cette langue. Elle n'a pas crié, personne n'a rien entendu, elle a juste dégueulé sa douleur. Et glissant sur le manche du couteau, en s'assassinant, elle a déchiré ses deux mains.

Elle avait les yeux ouverts, Khadidja, après le sacrifice, de grands yeux de chatte orientale qui ne donnaient aucune explication. Qu'est-ce qu'elle est allée chercher en Extrême-Orient, cette princesse, avec sa bouche rouge de théâtre ? Quelle était donc sa légende, pour qu'elle s'éventre comme ça sur son pauvre parquet ? C'est quoi le sens de tout ça, cette mort qui lave et qui répare, ce supplice solitaire ? Pourquoi a-t-elle choisi de mourir en japonais ?

Elle a pensé aux cerisiers ?

Pourquoi elle a fait ça comme ça ?

Petit massacre oublié

Quand c'est arrivé, je commençais à devenir un vrai flic de banlieue. J'avais appris la nouvelle à la radio. Banalement, aux infos, juste avant la météo. Rubrique des faits divers.

Ça avait été dit en quelques secondes, d'un ton neutre et monocorde, qui ne faisait pas la différence avec le reste. Comme pour une information que l'on oubliera en même temps qu'on coupe le son. Quelque chose qui ne fera pas date, sans mémoire, dont on ne reparlera pas. Juste un fait divers.

Pourtant... j'avais porté les mains à mon ventre avec comme une envie de vomir. À cause de l'impact. Insupportable fait divers. Malgré moi, l'anxiété projetait derrière mes yeux, juste là où il ne sert à rien de les fermer pour ne pas voir, une scène, des images, du son...

Là-bas, j'avais des amis. Et à la radio, ils n'avaient pas donné de noms.

« *Attaque d'un convoi de fonds en plein Paris, dans le XVIII*e *arrondissement, ce matin. Les braqueurs qui ont pris la fuite ont abattu un convoyeur et deux fonctionnaires de police.* »

Quelques années plus tard, je passais tous les jours devant leurs portraits accrochés au mur. Deux sourires en noir et blanc et en uniforme, deux jeunesses figées entre deux dates, le temps d'une mise à mort.

Je connaissais bien l'endroit où le drame avait eu lieu, à l'angle de deux rues dans un quartier à l'avenir délabré, dont le seul charme était les habitants, mes voisins. C'était tout à côté de chez moi, et je passais souvent devant les impacts de balles laissés dans le béton, en forme de rafale, très précisément d'en bas à gauche à en haut à droite. Le mur était resté tel quel, tout comme un trou dans un poteau où une balle était restée prisonnière. Ils étaient tombés là.

L'intervention n'avait pas duré longtemps. Les braqueurs étaient lourdement armés et très organisés. Il y a eu un échange de coups de feu, et les collègues avaient été touchés.

Le premier avait pris une balle en pleine tête, sa boîte crânienne avait éclaté, éjectant son cerveau à plusieurs mètres de là. Le second, déjà atteint par un tir et grièvement blessé, tentait de se mettre à l'abri quand un des malfaiteurs s'était approché de lui. Avant d'essuyer une rafale, il avait eu le temps de passer un dernier message à la radio : « Dis-leur que ce sont des tueurs et qu'ils m'ont achevé sur place... »

Un des flics était parvenu à ramper sous un véhicule qui stationnait là. Mais avant de prendre la fuite, un des hommes avait mis un genou à terre, il avait aligné son pistolet-mitrailleur très près du sol et, presque à bout portant, avait tiré, ne transperçant que la manche de l'uniforme. Les autres policiers avaient tenté une progression désespérée au milieu des coups de feu et des vitres de voitures qui volaient en éclat, sans parvenir jusqu'à l'épouvantable râle de leur collègue qui mourait en se vidant de son sang sur le trottoir.

Les braqueurs avaient réussi à prendre la fuite et, peu après, avec la cohorte des enquêteurs et commissaires, le préfet de police était arrivé sur place. Il s'était ému du fait que les policiers intervenants n'avaient pas de képi sur la tête et en avait fait la remarque à un officier...

Tous les ans, à la date anniversaire, on organisait une minute de silence, au pied de ce mur criblé de balles. À plusieurs reprises, il avait été demandé l'autorisation d'accrocher là une petite plaque avec les deux noms de nos collègues. Et, à chaque fois, on nous opposait un refus. Le mur appartenait à la SNCF, m'avait-on dit, et ils ne voulaient pas qu'en y fixant une plaque, on le saccage, qu'on fasse des trous dedans.

Alors on a gardé les deux noms au chaud avec nous, sur le mur du poste de police, à côté des autres flics morts.

En souvenir de Philippe Fivet et de François Klein, tués en service le 30 mai 1985.

La routine

Impatient de rentrer chez lui après cette longue matinée d'hiver au travail, il presse le pas entre les flaques d'eau gelées.

Ce matin, il a pris le premier métro, comme toujours. Ce métro d'habitués de la première heure, encore un peu ensommeillés, qui sentent le café, le savon ou la sueur, toujours les mêmes ou presque. Celui qui lit le journal de la veille et le froisse bruyamment avant de descendre sur le quai, celui qui s'endort sitôt installé sur un siège, celui qui rêve en souriant aux anges, le front appuyé à la vitre, et cet homme qui ne s'assoit jamais et reste debout près de la portière en dévisageant tout le monde. Les stations ont défilé, il les a comptées à rebours, comme d'habitude, et a regardé machinalement sa montre.

Puis, il est arrivé au commissariat, a marmonné quelques bonjours, s'est rendu au vestiaire et a passé son uniforme en bâillant. Il s'est étiré en fermant les yeux, a fait craquer ses phalanges et a serré son ceinturon autour de la taille. Il a placé son arme dans l'étui, glissé sa casquette derrière la boucle de sa ceinture, le temps de passer un coup de peigne dans ses cheveux en bataille, et s'est regardé un instant dans le miroir accroché sur la porte de son armoire.

Enfin, il a effleuré d'un doigt délicat, d'une caresse, la joue de papier glacé de son fils, espiègle et souriant sur une photo à côté du petit miroir, comme il l'aurait fait d'un porte-bonheur, puis il a refermé l'armoire et glissé la clé au fond de sa poche. Toujours dans le même ordre, chaque matin à la même heure.

Il a patrouillé à pied, il a vu un jour blafard et froid émerger du brouillard de la nuit et se lever entre les immeubles. Il a eu un frisson de fatigue et s'est dit qu'il avait envie d'un café ; en pensant au café, il a eu froid aux mains. Son équipier, marchant à ses côtés, était silencieux. Le matin, il ne se déride et ne parle qu'après avoir bu quelque chose de chaud et fumé une cigarette, un peu comme lui. Le long des bistros qui levaient le rideau, les rues se sont éveillées sous les pieds des passants, et il s'est dit que c'était bon de marcher dans le même sens que tout le monde sans se poser de questions. Chemin faisant, il a contrôlé l'identité de trois jeunes gens qui s'étaient cachés à son approche, mais ça n'a rien donné, il a aidé une femme qui hululait son énervement à remplir un constat d'accident pour qu'elle se taise, mis quelques contraventions à des voitures mal garées et décidé d'une pause-café au poste. À peine la porte franchie, il a croisé le chef de brigade qui lui a lancé : « Alors ? Déjà de retour ? Vous avez fait une affaire ? » et qui s'est éloigné, comme d'habitude, sans attendre la réponse.

Il s'est servi un café et a ouvert le journal du jour qui traînait sur la table en commençant par la dernière page. Il a trempé un sucre dans son café et l'a laissé fondre sur sa langue avant de vider sa tasse brûlante à petites gorgées. Il a replié le journal, l'a reposé sur la table et est allé chercher son écharpe de laine bleu foncé qu'il avait, comme la veille, oubliée au vestiaire. Quelques instants plus tard, il était à nouveau dans la rue et reprenait sa patrouille, émaillée de quelques banales interventions sans importance. Ainsi se terminait la matinée sous un ciel gris et fade.

À la fin de son service, il a regagné le vestiaire, fait les mêmes gestes qu'au matin dans l'ordre inverse, mis son uniforme sur un cintre, enlevé l'arme de l'étui et rangé le ceinturon. Il s'est emmitouflé dans un gros blouson et, avant de refermer son armoire, a jeté un coup d'œil au miroir et souri à la photo. Il a quitté le commissariat en envoyant des « au revoir, à demain » à la cantonade, et s'est dirigé vers le métro. En passant devant la mairie, il a regardé la pendule, puis sa montre, s'est satisfait comme chaque jour qu'elle indique bien la même heure.

Il n'est plus qu'à deux pas de chez lui, une vague faim lui tenaille le ventre, et il avance à grandes enjambées. Il entre dans le hall de son immeuble, l'ascenseur est en panne comme souvent. Il monte quatre à quatre les marches des deux étages. Il tourne la clé dans la serrure, ouvre la porte et lance : « Coucou ! Je suis là ! » Soupirant d'aise, il pose son sac sur la table et son blouson sur une chaise. « Et zut ! Le courrier… » Il ressort sur le palier et dévale l'escalier en sifflotant. Il ouvre la boîte aux lettres, une facture, une carte postale, un magazine, que du banal, pas de surprise. Et il remonte chez lui.

« Haut les mains ! »

Il ne l'a pas vu tout de suite derrière la porte, mais là, il se tient face à lui. Bras tendus, serrant solidement la crosse à deux mains, le doigt sur la détente, il le braque.

« Haut les mains, je te dis ! Et plus vite que ça ! »

Il est immobile, sûr de lui, il ne tremble pas, ne vacille pas, et le canon de l'arme suit chacun de ses mouvements.

« Haut les mains et pas un geste ! »

Le chien du flingue est à l'armé, une balle est engagée.

« Haut les mains, sinon je tire ! »

Il a le regard noir, déterminé, les lèvres pincées. Le visage légèrement penché, il le vise en pleine tête.

« Haut les mains ! Peau de lapin ! Pan ! »

Son fils est en train de le braquer avec son arme. Son arme qui était au fond de son sac posé à la hâte sur la table.

« Pose ça tout de suite, c'est pas un jouet, allez, pose-le, murmure-t-il d'une voix blanche.

— Oh non, on va jouer encore ! Haut les mains, sinon peau de lapin !

— Pose-le par terre, tu vas te faire mal, dit-il dans un filet de voix.

— Tu es le gentil, je suis le méchant ! Je vais te tuer. Pan !

— Arrête… Arrête… »

En même temps que retentit la détonation, il a l'impression que sa tête explose. Une douleur fulgurante traverse sa tempe gauche, il n'entend plus rien, les murs et le plafond basculent, et il tombe. Il y a juste un bourdonnement autour de lui, du sang sur ses mains, du sang qui coule sur le sol, et son fils, le regard tout rond, l'arme au bout du bras, dont les lèvres semblent dire « Papa… ».

Lui, toujours à genoux par terre, rassemble ses forces pour se relever et se maudit. Se déteste et s'accable en contemplant les gouttes de sang sur le mur. Il regarde son fils d'un air désolé, implorant. Et il se fiche d'avoir, dans ce jeu, perdu le lobe de son oreille gauche.

[illegible]

Le [illegible] est [illegible] sous [illegible]
[illegible] au bord des questio[illegible]
[illegible]

[illegible]

[illegible] bien [illegible]

Sur une route nationale

La grosse voiture métallisée est garée sous les arbres, au bord du bois, au bord des putes. On passe à côté au pas, et on regarde.

« Je crois qu'il y a une cocarde bleu, blanc, rouge derrière le pare-brise. »

On se gare et on s'approche. Le siège est légèrement incliné, on distingue une ombre, le visage d'un homme, les yeux fermés, la bouche entrouverte, immobile.

On frappe un petit coup sur le carreau.

« Monsieur ? »

Un sursaut. Il relève la tête. Un autre visage apparaît, anguleux et fatigué, dans un flou de cheveux décolorés, émergeant d'entre les cuisses de l'homme.

La vitre électrique se baisse.

Il est bien habillé, il porte une cravate en soie et un costume sombre. D'un geste qui hésite entre la nonchalance et la bravade, il s'accoude à la portière.

« Oui ?

— Vous pouvez descendre du véhicule, s'il vous plaît ?

— Non. »

On insiste, il ne veut pas. Il hausse le ton et dit qu'il ne fait rien de mal, que tout ça est bien banal, qu'il ne vient pas souvent, qu'il va laisser la pute là, sous son arbre, et repartir. La fille a le regard un peu ivre, elle ne dit rien, elle a l'habitude. Elle ne nous regarde même pas, rajuste son bustier et nous tend ses papiers.

L'homme ne nous donne rien. Il dit qu'il est attaché parlementaire et qu'il nous emmerde. Il dit encore que tout le monde va aux putes, même lui, que tout le Parlement va aux putes, la France entière se fait tailler des pipes, et que ce soir, on le fait chier lui, qu'il ne comprend pas pourquoi lui, maintenant, à cet instant même, alors qu'il y était presque.

La pute le regarde, puis nous regarde d'un air absent.

« Faites ce que vous voulez, je ne descendrai pas de cette voiture. Prenez le numéro, si ça vous chante, je m'en fous. »

. Mais nous, on s'en fout aussi. On se fout de son arrogance et de sa cocarde bleu, blanc et rouge. Il peut bien s'indigner et dire ce qu'il veut, ça aussi, c'est banal par ici.

On ouvre sa portière en grand. La pute a un sourire amusé.

Hésitante, une jambe gainée de résille apparaît dans la lumière des phares des voitures qui passent. Un pied chaussé d'un escarpin noir vernis se pose maladroitement sur les cailloux du chemin. Puis un deuxième. Les talons sont très hauts, et il y a sur le dessus des chaussures une petite bride ornée de quelques brillants. On regarde ces deux jambes, les bas et le porte-jarretelles tendu sur le haut des cuisses blafardes.

Ce ne sont pas les jambes de la fille.

Fascination et cruauté

On contrôlait des voitures le long d'une avenue assez large pour qu'on puisse en faire stationner deux ou trois sans gêner la circulation. Chacun d'entre nous s'occupait de la sienne et de son conducteur, c'était une tâche tout à fait routinière qu'on accomplissait de façon presque mécanique. Permis de conduire, carte grise, attestation d'assurance, et quand tout était en règle, la vérification était rapide. Un petit rappel à l'ordre parfois pour des ceintures de sécurité oubliées, et tout de même, quelques contraventions quand il le fallait.

Je vérifiais donc les papiers d'un automobiliste quand mon attention a été attirée par un collègue qui contrôlait la voiture qu'il avait arrêtée à quelques mètres devant moi. Il était étonnamment immobile, les bras ballants devant la vitre baissée. Il ne bougeait pas du tout, comme tétanisé, ne parlait pas non plus, et il avait l'air complètement ahuri.

J'ai fait un pas de côté, toujours avec les papiers et mon carnet de PV à la main, pour essayer de voir et de comprendre la situation. J'ai vu ses sourcils en forme d'accent circonflexe et son regard écarquillé en direction de l'habitacle de la voiture, et une inquiétude un peu floue m'a saisie. Aussitôt suivie d'une sourde angoisse. En un quart de seconde, mon imagination a élaboré toute une série de scénarios terribles. Le conducteur était mort. Il y avait un mort à côté du conducteur. Il y avait quelque chose d'effrayant dans la voiture, un animal peut-être, un reptile probablement pour être capable de mettre mon collègue dans cet état de cataplexie. Un énorme reptile. Ou alors il était en proie à un malaise, debout, foudroyé par une sorte de crise paralysante, et il allait s'effondrer comme un pantin. Ou bien il était en train de se faire braquer, discrètement, sournoisement, par une arme que je ne pouvais pas voir. Et c'est ce pressentiment qui s'est imposé à mon esprit, quand j'ai commencé à marcher lentement vers la voiture, le cœur battant la chamade et la main sur la crosse.

Il ne fallait surtout pas que le conducteur puisse m'apercevoir, et je me suis arrangée pour avancer dans l'angle mort du rétroviseur. Mon collègue avait toujours les yeux fixes et l'air hébété, il ne me voyait pas. Et moi, je ne pouvais toujours pas distinguer le conducteur à cause des reflets sur les vitres et je n'osais pas parler de peur de déclencher je ne sais quoi.

Puis j'ai fini par voir. Une scène à laquelle il eût été étonnant que je puisse assister un jour... Une femme, la jupe relevée très haut sur les jambes, d'une main experte, se caressait la cuisse avec application jusqu'à la faire disparaître sous le tissu à chaque va-et-vient.

« Aaaaah ! » j'ai crié.

Ils ont sursauté comme si un obus venait de tomber entre eux, et mon collègue m'a regardée de l'air de celui qu'on vient de réveiller avec un seau d'eau froide.

« Heu... c'est un défaut d'assurance..., m'a-t-il dit d'une voix qui ressemblait à un miaulement.

— Ah bon ? Un défaut d'assurance ? Et elle tente de frauder le Trésor public ? »

Elle avait en effet tenté un coup de séduction à l'arraché, à la « M'sieur l'agent, on peut s'arranger ». Ça arrive parfois. Et elle avait presque réussi. Presque...

« Tiens, s'il te plaît, tu pourrais aller récupérer mon carnet de PV dans la voiture garée là ? Je l'ai jeté par mégarde sur le tableau de bord, et j'ai gardé ses papiers. Tu peux y aller sans crainte, ce n'est pas un piège. »

J'ai alors repris son affaire à lui au commencement.

« Bonjour, madame, police nationale, pouvez-vous me présenter les papiers afférents à la conduite du véhicule, s'il vous plaît ? »

Quelques instants et quelques grincements de dents plus tard, elle a une nouvelle fois relevé sa jupe, mais afin de mieux s'accroupir derrière sa voiture, pour nettoyer sa plaque d'immatriculation.

Poème à un flic

Tu étais de la N et moi, de la J1,
Tu chassais sur D1, et je tournais sur D2,
De retour à la base ! annonçais-tu à TN,
Et tu garais la TV au lever du jour,
Quand au CP18, croisant quelques nuiteux,
Et leur ultime MAD sur un temps de rabiot,
S'éternisait l'appel du matin,
À l'heure où la BAPSA ramasse les dernières
IPM.
Jour, nuit, il aurait fallu une éclipse sur la PP,
Pour croiser nos destins de GPx,
Ou un plan Épervier,
Une grosse affaire, un VMA en cours,
Que ça défouraille sévère sur la VP,
Ou un hasard de l'IGS,
Un décalage en service extérieur,
À plantonner sur le bitume,
Ces jours maudits où sautent les jonctions,
Les RC et exemptions syndicales.
Longueurs d'onde opposées,
Nous n'avions en commun que la voix de Z1.
Aurions-nous eu une BS en même temps,
Avec ITTP supérieure à huit jours,
On se serait peut-être croisés à Cabanis,

Où lors d'un appel radio qui ne connaît pas de frontière,
Appel général, collègue en difficulté...
Pas besoin d'être APJ20, ni OPJ,
Ni penser à l'AVP ou à la cour du 19 août,
Pour qu'au gyro deux tons, on se rappelle
Que les CRAC sont des numéros qui se suivent,
Et que les cartes de pêche ne font pas un jeu gagnant.
Il fait froid, c'est le temps des CH avant le temps des cerises.
Brûlons le RIPN, réchauffons-nous de sa flamme,
Le temps de la raclette est passé,
Et les bœufs peuvent bien paître sur le tapis vert.
Relâchons les ESI sur le district,
Offrons un jus de chaussette aux ILS,
Sortons les JV de GAV,
Nous y enfermerons les TK et les TI,
Avec les cabots qui nous grattent,
Et nous leur passerons les bracelets.
N'attendons pas la PH, ni les CA en septembre,
Volons une PS et filons vite d'ici,
Plus loin que l'article 25 peut nous mener,
Avant d'être blâmés, suspendus, révoqués,
Et embastillés à l'IPPP.

La police-secours

C'est une nuit comme les autres. Et c'est un planton comme celui d'avant la relève, comme celui de la veille et de l'avant-veille à la même heure, devant la porte d'un commissariat parisien pareil à tous les autres.

À cette heure-là, il y a moins de passage, on s'ennuie un peu, mais il faut être là et tenir compagnie à la porte. Il soupire et bâille, le gardien de la paix. Il se taperait bien un petit café pour tenir les deux heures qu'il lui reste à piétiner le trottoir, à peser d'un pied sur l'autre, en regardant la rue vide. La police-secours est garée devant lui, elle est rentrée il y a un quart d'heure, et les collègues de la nuit terminent une procédure en attendant le prochain appel du 17.

Il s'assoit sur le siège quelques instants en écoutant la radio crachoter les ratés et dérapages de la nuit. Mais lui, il s'en fout, il ne bougera pas de là. Ils peuvent bien se battre, s'enivrer jusqu'à se vautrer dans les caniveaux et s'y exploser le cuir chevelu, encastrer leur voiture dans un arbre du boulevard, ce soir, il n'en verra rien, il est planton. Il s'étire, pose sa casquette sur le siège à côté de lui et se décide à aller chercher un gobelet de café.

La banquette du car lui donne irrésistiblement envie de s'allonger et dormir. Il se sent capable de dormir n'importe où.

Il regarde sa montre, c'est bien ce qu'il pensait, c'est l'heure du coup de barre.

Il pousse la porte de l'épaule et marmonne en direction du chef de poste :

« J'vais me prendre un petit café. J'tiens plus debout.

— Traîne pas, on ne sait jamais », lui répond l'autre sans lever les yeux.

Il verse le café froid dans un verre, qu'il place dans le micro-ondes. Au moment où il remarque qu'il n'y a plus de sucre, il entend des rires dehors. Des fous rires tonitruants.

« Eh bien ! Tout le monde ne s'emmerde pas le samedi au boulot comme moi, tiens... », grimace-t-il en avalant une première gorgée de café réchauffé, trop âcre et trop fort.

Il entend alors un démarreur renâcler, une fois, puis deux, et un bruit de moteur. Et un énorme crissement de pneus. « Oh non ! Non ! Pas ça... Non non non... », murmure-t-il en se précipitant vers la porte qu'il ouvre d'un coup de pied.

Il a juste le temps de voir la police-secours s'éloigner, avec le gyrophare allumé, et disparaître au coin de la rue en lançant un petit coup de deux tons. Un pin-pon, puis plus rien.

Il se met à courir au milieu de la rue. Il court comme un fou, et sa pensée va comme sa cavalcade, bousculée et en vrac. Bêtement, il pense à sa casquette qui est restée sur le siège. Et au rapport qu'il va devoir rédiger. Objet : vol de police-secours et disparition de casquette. Abandon de poste. Une convocation à l'IGS sans casquette lui traverse l'esprit, il va expliquer qu'une police-secours s'est évadée du commissariat, lasse de ne jamais voir son moteur refroidir, et a embarqué une casquette en souvenir de son temps d'asservissement. Il va être révoqué, connaître le chômage, sa femme le quittera, ses enfants le mépriseront, il sera la risée de tous et sombrera dans la déprime et les neuroleptiques. Arrivé à l'angle de la rue, il rebrousse chemin, il va aller voir le chef de poste et lui annoncer qu'il a égaré la police-secours, qu'elle était posée là, comme d'habitude, et qu'elle n'y est plus. Non, non, je n'ai pas bougé, je ne comprends pas ce qui a pu se passer. J'ai pourtant regardé partout, je ne l'ai pas trouvée. Oui, oui, je l'ai bien vue partir mais il n'y avait personne dedans. Rien que ma casquette. Merde, ça ne va pas être simple. Il en tremble, il ne se sent pas très bien. Le café était vraiment infect, il aurait mieux fait de rester dehors, à son poste. Il court, il trébuche, dans une vingtaine de mètres il va de nouveau franchir la porte du poste et affronter le chef. « Chef, il faut que je vous dise quelque chose... » Non, ça ne va pas comme ça. Et puis non, il ira d'abord voir le collègue de la radio, pour parer au plus urgent. « Heu... Il faudrait faire passer un appel général, là. On a volé la police-secours. Non, il n'y a personne dedans. Enfin, il y a ma casquette, et c'est tout. »

Il a envie de pleurer, c'est vraiment trop stupide ce qui lui arrive.

Et c'est là que le miracle se produit. Face à lui, elle est là. Elle arrive, elle revient. Elle lui fait des petits clins d'œil avec ses phares, son gyrophare tourne et éclaire, avec une grâce qu'il n'avait encore jamais remarquée, les murs du commissariat. Elle se gare devant lui, il ne rêve pas, il entend le grincement familier du frein à main.

Quatre types qu'il a déjà vus en descendent en pleurant de rire.

L'un d'eux a sa casquette sur la tête. De travers.

Lui, il a le cœur qui bat, mais il trouve que la vie est belle.

« Mais ne fais pas cette tête, collègue ! On a juste fait le tour du pâté de maisons ! Tu vois, on était au resto juste là, on fêtait le départ en retraite de Philippe, et ce con, il a voulu faire un dernier tour de police-secours. Ça ne se refuse pas, hein, collègue ? Oh, mais tu es tout pâle, dis ! Tu veux un petit café ? »

Uzi

En plus de cette bonne vieille MAT49 qu'on démontait et remontait les yeux fermés depuis nos premiers pas dans la police, le service était doté de pistolets-mitrailleurs de marque Uzi. La fameuse et très esthétique mini-Uzi. La mythique mini-Uzi. L'adorable mini-Uzi qu'on pouvait presque mettre dans la poche.

Elle ne servait qu'à certaines missions, à titre d'arme de destruction massive à objectif dissuasif. Je n'ai jamais entendu dire que la mini-Uzi avait fait entendre de la voix dans les rues du département, même en cas de casse du siècle. Elle ne s'adressait pas au peuple et préférait s'exhiber devant certaines élites.

La mini-Uzi était faite pour être élégamment portée, petite et compacte, ainsi que son usine l'avait conçue, elle était du plus bel effet. Les jours de sortie de la mini-Uzi, la panoplie comprenait, en plus de cette arme très mignonne et très légère, un gilet pare-balles très moche et très lourd. C'est ainsi équipés que nous assurions des gardes statiques plus délicates que d'autres, ou des escortes particulièrement sensibles.

Qu'elle était belle et racée, cette mini-Uzi... La courbure délicate de sa fine crosse repliée sur son corps à l'ergonomie parfaite, le métal de sa structure lisse et douce qui avait su éviter la vulgarité d'une brillance excessive, son petit canon court et arrogant, sa poignée qui donnait envie de la saisir pour ne plus la lâcher, et de lui enfiler un chargeur de 9 mm.

Remarquable de raffinement et de sobriété, qu'elle était belle ! Tout de cette arme intimait respect, admiration et affection. On aimait travailler avec elle, même si elle ne servait à rien.

Elle avait toutefois un petit défaut. Juste au-dessus de la détente se trouvait un sélecteur de tir qui déterminait, selon qu'il était poussé ou pas, si l'arme allait parler au coup par coup ou en rafales. La miniaturisation était telle qu'il arrivait que, sans s'en rendre compte, un pouce trop distrait ou trop engourdi posé sur la bête la convainque de se mettre en mode sulfateuse. C'est ainsi que, convoqués au stand de tir afin d'y démontrer nos performances en tir de précision à la mini-Uzi, un collègue et moi, de concert sur la même ligne de tir, avons rectifié le plafond du stand par deux belles rafales parfaitement symétriques. La cadence de tir était telle que le chargeur était vide avant que le message d'erreur ne parvienne à notre cerveau. De la même façon, il était arrivé que dans nos locaux, au-dessus du bac à sable où il convenait d'effectuer des manipulations de sécurité avant de remiser l'arsenal au placard, des rafales fussent tirées, jetant immédiatement à terre les fonctionnaires de police présents, à plat ventre, les mains sur la tête dans un ultime réflexe de survie, ou alors roulant sur eux-mêmes jusqu'à la planque la plus proche pour les anciens militaires plus réactifs aux tirs de guerre. Charmante mini-Uzi, petite mais malicieuse et forte en gueule…

En voiture, elle voyageait dans la boîte à gants. C'est aussi depuis cet écrin, où les mains qui la tenaient l'avaient délicatement déposée, qu'un jour elle s'était exprimée, secouant violemment le véhicule et son équipage. Belle, mais salope, la mini-Uzi.

Le chien

« TV22, il y a lieu de mettre en surveillance une BMW de couleur blanche prise en chasse par les effectifs du 93, elle se dirige vers le département par les quais de Seine de Clichy. Véhicule signalé volé. Trois individus à bord. Viennent de commettre un vol à main armée. Prudence.

— Reçu cinq sur cinq, TN92. Ça arrive par la rive droite ou la rive gauche ?

— Je n'ai pas l'information, une chance sur deux, TV22...

— On prend la rive gauche, TN92.

— Respect des consignes si vous récupérez la chasse, TV22.

— Reçu pour TV22. Pas de problème, TN92, on a des photocopies des consignes plein la voiture, on les apprend par cœur et on se pose des questions pièges.

— Vous monterez me voir en rentrant à la base et vous m'écrirez ça par rapport, TV22. Message terminé. »

Un ange passe, les ailes chargées d'aigreur et de notes de service.

« C'était peut-être pas la peine de lui dire ça, si ?

— Bah... Quand on aura la caisse des braqueurs devant nous, on pilera devant le panneau Seine-Saint-Denis et on annoncera qu'on l'a perdue, c'est ça ?

— Oui oui, c'est ça... Allez. »

On roule sur le quai, les yeux fixés sur la route. Il y a peu de circulation. Si la chance nous sourit, on ne verra pas passer la voiture sur l'autre rive et on ne poussera pas des cris de rage. Si la chance n'est pas du côté des Dalton, ça va nous arriver dessus très vite.

« TV22 de TN92, les effectifs du 93 ont lâché en limite départementale. Normalement, ça vient sur vous. Prudence !

— C'est reçu pour TV22. »

On est donc du bon côté de la Seine. Droit devant, toujours rien. On espère que la BMW n'a pas changé de route, elle ne doit plus être loin. Aucun autre véhicule ne s'est annoncé sur la chasse, mais il y a sûrement des collègues civils fantômes en attente aux intersections, prêts à nous retirer le bon pain du jour de la bouche.

« Ah ! Vous voyez ce que c'est, les consignes ! Le 93 ouvre un large bec et laisse tomber sa proie !

— Quelqu'un le fait taire ? Ah, ça y est... Regardez ce qui va nous tomber dans les bras. Allez, on s'accroche... »

Au loin, la BMW roule vers nous tous phares allumés, avec une trajectoire aussi rectiligne que la ligne blanche qu'elle chevauche. On allume le gyrophare et on accélère. À notre vue, la voiture tourne brusquement sur la droite, et quand nous arrivons au carrefour, c'est pour la découvrir bien calée contre un feu rouge, avec ses deux phares qui louchent vers le sol, et le klaxon qui glapit tristement. Deux hommes ont réussi à s'en extraire. Mes collègues partent à leur poursuite dans des directions opposées. Je m'occupe du dernier passager, une jeune fille dont l'os du bras a montré moins de résistance que le matériel de voirie, et qui ne me fera pas courir. Elle n'est pas armée. Elle m'explique qu'elle a été prise en stop par les deux autres, mais un simple coup d'œil au contenu de son sac m'indique que son imagination ne carbure pas à l'adrénaline. Vu la quantité de biffetons et de bijoux qu'elle a dans sa besace, je menotte sa main valide à la poignée de la voiture et je jette un coup d'œil dans le coffre qui s'est entrouvert sous le choc. Tout le produit du braquage est bien là... Un autre véhicule de police arrive en renfort tandis que mes deux collègues reviennent, essoufflés et bredouilles. Un des hommes a réussi un sprint jusqu'à la gare et a sauté dans un train en partance pour la Seine-Saint-Denis. Retour à l'envoyeur, on transmet aussitôt l'information et le signalement. L'autre s'est volatilisé entre deux immeubles. La fille continue de clamer sa douleur, son innocence, l'ignominie d'un menottage sur personne mourante et autres plaintes tout aussi amusantes, jusqu'à l'arrivée des pompiers qu'elle se met à insulter aussi. D'autres collègues arrivent, ainsi qu'un officier de police judiciaire, et nous nous chargeons de l'enquête de voisinage pour retrouver le dernier de la bande.

On interroge tous les badauds, demeurés sur place pour faire des victimes innocentes au cas où ça aurait défouraillé. Personne ne l'a vu. On visite les caves, on sonne chez tout le monde, à tous les étages des deux immeubles. Personne là non plus. On repasse encore, en s'échangeant les cages d'escalier pour faire comme si on n'était pas encore passés. Toujours rien.

Les autres collègues décident de partir, ironisant sur notre insistance.

« Mais il s'est barré, votre type ! Il est chez lui à présent, il écoute les infos régionales et il rigole !

— Impossible. Il est entré et il n'est pas ressorti de là.

— Mais ça fait deux heures que vous ratissez ! Deux heures ! Les égouts, vous y avez pensé ? »

On avait tous les trois le même sentiment que l'affaire n'était pas finie. On n'arrivait pas à partir de cet endroit. La voiture était toujours là, enlacée au feu rouge et sous bonne garde. Sur la banquette, à la place du disparu qui n'avait laissé ni trace ni indice, il y avait un pull en laine.

« Les chiens ! Les chiens !

— Quoi, les chiens ?

— Il faut demander aux chiens de venir, on ne sait jamais.

— OK, j'appelle les chiens et après, on tente un dernier recours avec Jacques Pradel. »

Le véhicule des maîtres-chiens ne patrouillait pas très loin. Arrivés sur place, ils font descendre un gros malinois, qui s'ébroue avec bonheur avant de s'asseoir devant son maître et de le regarder d'un œil vif et impatient.

« Alors, papa ? On fait quoi, là ?

— Tiens, Toto, sens-moi ce tricot et trouve une odeur qui lui ressemble dans le coin.

— C'est comme si c'était fait, le cent pour cent laine ovine, c'est tenace, ou je ne m'y connais pas.

— Vas-y, mon chien, t'auras ton gâteau.

— J'y compte bien. Suivez-moi. »

Et le chien part en galopant sans hésiter vers un des immeubles, nous entraînant à sa suite jusqu'au dernier étage. L'air satisfait, il se couche sur le paillasson d'un des deux logements du palier.

« C'est ici ! »

On sonne à la porte.

« Bonsoir, monsieur, excusez-nous de vous déranger à une heure tardive, mais voyez-vous, il y a eu un bête accident de la circulation en bas de chez vous et nous recherchons le propriétaire de la voiture qui a oublié ses clés sur le contact. C'est un grand type brun, avec un pantalon noir et un polo blanc. Ça ne vous dit rien ? Pas vu ? Il ne serait pas passé devant votre porte ou votre fenêtre par hasard ?

— Oh non, je n'ai rien vu, rien entendu. Je suis un retraité sans histoires, je ne me mêle de rien, moi. Vous m'excuserez, mais j'ai un yaourt sur le feu. Au revoir. »

Le vieux n'a rien vu, et le chien qui nous regarde de travers fait l'objet de muettes intentions de mise au chômage de la part de son maître. On redescend l'escalier en silence, et on rejoint les voitures.

« Bon, on va la refaire. Toto, pour la dernière fois, pour mon amour-propre et pour le tien, mets ta truffe en mode malinois malin et respire à fond dans ce pull. Et trouve-moi le type qui était dedans il y a deux heures !

— C'est pas la confiance qui t'étouffe, papa... »

Le chien repart en gambadant jusqu'à l'immeuble, jusqu'au dernier étage, jusqu'au même paillasson, sur lequel il s'assoit et nous regarde d'un air goguenard en nous tirant la langue.

On sonne de nouveau à la porte.

« Bonsoir, monsieur, c'est encore nous. Heu... Vous êtes sûr que... Eh ! c'est à vous ce sac de sport, là ? »

Un doute terrible nous envahit. Le brave et honnête retraité n'a pas le physique d'athlète qui colle avec l'écusson de boxe thaïlandaise cousu sur le sac posé juste derrière lui, dans l'entrée.

« Monsieur, il faut tout nous dire maintenant. Le chien ici présent est une machine de guerre qui n'attend pas les ordres d'un officier de police judiciaire pour opérer des perquisitions illégales. Autant vous le dire, il est très mal dressé, mais ce soir, on n'avait que lui. Pas de chance. »

Le brave homme au-dessus de tout soupçon avait vendu son silence et son hospitalité au braqueur, moyennant une partie du butin. Ils dînaient tous les deux en attendant simplement qu'on dégage de là.

« Alors ? Hein ! Qu'est-ce que je vous disais ?

— Toto, je t'en prie ! Un peu de modestie, que diable ! »

Courage et dévouement

C'est un tout jeune flic, il est stagiaire, l'école, c'était avant-hier ou presque. Il n'a pas encore vu grand-chose.

Il est heureux, il a été affecté dans le commissariat qu'il souhaitait, il a imprégné sa mémoire tant qu'il a pu des histoires des vieux, des Anciens qui racontent les choses avec plein de distance et de gravité dans les yeux. Et qui donnent le mot de la fin avec un sourire complice et fraternel.

Un jour, il sera comme eux. Il aura des histoires à raconter, d'autres à partager entre flics et quelques-unes à taire. Ou à oublier.

Il se lève tôt, prend un café en laçant ses chaussures et en écoutant la radio en sourdine. Il passe un blouson de cuir et une écharpe bleu marine, met un tour de clé dans la serrure et descend l'escalier. Il fait froid, il prend sa voiture pour se rapprocher de la gare.

Sur le chemin, il y a eu un accident et une voiture est en feu.

Il voit qu'il y a des gens à l'intérieur. Il s'arrête et court dans cette direction. Il ouvre une portière, la poignée est brûlante. Il y a là une famille avec ses deux enfants. Il remonte le col de son blouson haut sur son visage. Il sort un corps inanimé, il entend des cris dont il ne savait pas qu'ils pouvaient exister. Il se brûle. Il sort un second corps, sans vie. Après, il ne peut plus rien. Les cris cessent. La voiture en garde deux dans sa carcasse.

Quelques semaines plus tard, on lui annonce à l'appel que va lui être remise la médaille du courage et du dévouement. Il n'est pas fier, parce qu'il aurait préféré que tout ça n'arrive jamais. Fier, ce n'est pas le mot. Il aurait été fier s'il avait pu sortir les deux parents de là. Il aurait été fier si le grand n'avait pas déjà été mort, et s'il n'était pas resté de ces gens-là qu'un tout petit vivant. Mais il se dit qu'une médaille cacherait un peu les cicatrices qu'il a aux mains et à la mémoire. Que sa famille serait fière de lui, surtout son vieux, un Ancien, avec qui il ne sera pas obligé d'entrer dans les détails.

Il y a ce jour-là avec lui un autre flic qu'il ne connaît pas, dont on lui dit qu'il a sauvé un homme de la noyade. Tout le monde s'aligne en silence. Un commissaire qu'il n'avait jamais vu non plus s'approche d'eux et, tour à tour, leur serre la main. « Je vous félicite. » Il leur remet une feuille de papier paraphée sur laquelle est inscrit « Acte de courage et de dévouement ». Il fait deux pas en arrière, tout le monde se raidit et salue avant de quitter la salle d'appel.

Le jeune flic attrape doucement son brigadier par la manche.

« Et ma médaille ?

— Ah ! On ne t'a pas dit ? Il faut que tu la payes. Ça coûte dix-sept euros. »

La démission

Il était resté entre deux mondes. Celui d'avant et la police. Il se trouvait beau en uniforme, mais il avait parfois du mal à soutenir le regard des autres, ceux du monde d'avant, sans que son regard à lui ne devienne méchant, triste, perdu. Son arme et sa casquette se mettaient alors à peser de tout le poids de ses incertitudes. Il aurait voulu qu'on l'aime ou qu'on le craigne, il ne devait pas le savoir lui-même. Mais il aurait voulu que tout ça ait du sens.

Alors, de temps en temps, il disait qu'il en avait marre. Entre les gamins ricanant « Je suis mineur et je t'emmerde ! » et les dealers qui nous narguaient avec des « Attends que je passe chez le juge, connard, et on en reparle demain, ici même… », il se demandait pourquoi il s'était levé le matin, et pourquoi il était là. Et nous, on lui répondait qu'il avait dû voir trop de films, de jolis films américains avec de jolies fins et des héros bien à leur place, alors qu'ici-bas, chez nous, les héros ne peuplaient que les cimetières. On n'était pas grand-chose, il fallait qu'il s'y fasse, on n'avait pas toujours raison face au bon sens et à l'instinct, et il fallait aussi qu'il apprivoise cette idée-là et qu'il s'y plie.

Il devait oublier son impuissance face à ces gens qui prenaient plaisir à se faire du mal, ou qui partaient mourir ou tuer idiotement dans des accidents, face à ces autres, ces nuisibles, toujours impunis, ou si peu... Et puis les insultes, ou encore ces moments où il faut s'agripper par le col avec d'autres gens aussi perdus et tristes que lui, jusqu'à se battre pour retrouver la marge des deux mondes, et peut-être dans l'osmose de la brutalité, obtenir un semblant d'explication.

Alors, il répétait encore et encore qu'il en avait marre.

Il aurait fallu qu'il se contente de l'instant, de l'adrénaline, de la liberté, du travail bien fait. Comme nous.

Il avait un nom de fauve et des yeux noirs. Il en avait marre, mais il travaillait bien, et nous on l'aimait. C'était un bon flic comme il aurait été un bon voyou.

Il avait simplement vu trop de films.

Alors quand il a démissionné, il est entré dans le bureau du patron en donnant un coup de pied dans la porte.

« Qu'est-ce qui vous prend ? a hurlé le commissaire.

— Ta gueule, a simplement répondu l'autre, j'en ai marre et je m'en vais. »

Lentement il a sorti son arme de l'étui et l'a jetée sur le bureau. Puis le ceinturon avec la matraque et les menottes. Et sa carte tricolore, qu'il a lancée en travers de la grande table vernie et bien rangée.

« Je démissionne. »

Il est parti, et on ne l'a plus jamais revu.

Jusqu'au jour où quelqu'un l'a aperçu et a fait mine de ne pas le reconnaître. Il avait retrouvé une frontière entre deux mondes. Il vendait *L'Itinérant* à un carrefour, loin, très loin de là.

Le pilon

Il nous avait prévenus qu'on serait surpris. Et pas à notre aise. Mais il ne voulait pas nous dire où il nous emmenait. Il souhaitait voir nos regards au moment où on franchirait la porte, et revivre le choc dans nos yeux. Il nous avait simplement indiqué qu'il avait fait la connaissance d'un homme, un veilleur de nuit, qui travaillait tout au fond d'une zone industrielle, dans un entrepôt pas comme les autres. Par amitié, il s'était occupé de lui en annulant une contravention sans importance, puis une deuxième, et l'homme lui avait proposé de le rejoindre sur son lieu de travail. Pour voir. Parce qu'il fallait voir ça au moins une fois. Parce que c'était un endroit secret. Et parce qu'il en avait la clé.

Une nuit, il était allé le rejoindre, et quelques jours plus tard, il avait demandé à cette obscure sentinelle s'il pouvait revenir, parce que c'était plus fort que lui, et qu'il n'avait cessé d'y penser. Et l'autre lui avait permis de revenir avec nous. Avant de quitter le commissariat, on avait promis de ne jamais révéler à quiconque le chemin de cet endroit, ni de dire qu'on y avait pénétré. Le veilleur de nuit tenait au-delà de tout à son emploi et n'avait le droit de laisser entrer personne.

Nous étions donc partis en patrouille en direction de cette immense zone industrielle qui se trouvait de part et d'autre d'une longue avenue en impasse, faite d'une multitude de voies perpendiculaires formant de grands blocs entre lesquels on se perdait. Nous avions fait le chemin en plaisantant, échafaudant toutes sortes d'hypothèses farfelues autour de ce mystérieux entrepôt. On essayait de deviner, mais l'autre, qui demeurait silencieux, avait seulement lâché : « Vous allez voir, c'est terrible... »

On roulait doucement entre des hangars aux portes closes et des containers empilés, impatients de savoir. Après avoir emprunté une voie en sens interdit au bout d'une aire de chargement déserte, nous nous sommes arrêtés devant une grille derrière laquelle allait et venait un grand chien noir et fauve. Une pancarte rouillée nous a semblé indiquer qu'on se trouvait devant une entreprise de recyclage. Au fond d'une cour jonchée de bouts de papier se trouvait un entrepôt semblable à tous les autres, fait de béton et de tôle ondulée. D'une petite porte située sur le côté, un homme est apparu et a appelé le chien qu'il a attaché à une corde. Puis, il est venu ouvrir un battant de la grille pour que nous entrions la voiture dans la cour. Nous l'avons salué, et il nous a pressés de le suivre. Il était pâle comme tous ceux qui travaillent la nuit et avait des cernes sombres sous des yeux rougis, comme s'il venait de se réveiller. Mais son regard était malicieux. « Suivez-moi », nous dit-il en faisant coulisser une première porte dont il avait libéré la chaîne de son cadenas. Nous avons franchi un espace où étaient alignées de grandes bennes vides, posées sur des cales. Et nous avons passé une autre porte, pareillement verrouillée, qui donnait accès à des dizaines de rangées de palettes et de cartons fermés. Le veilleur de nuit s'est arrêté devant la dernière porte et nous a regardés de ses yeux brillants de fatigue. « Je vous laisse là. Je retourne lire. Faites ce que vous voulez et prévenez-moi quand vous partirez, que je referme tout derrière vous. » D'un air soudainement grave, il fit tourner une clé dans la serrure et rebroussa chemin. On est entrés.

Il y avait là des montagnes de livres. Des tas immenses dressés les uns à côté des autres, des collines qu'on aurait pu escalader, qui auraient pu nous engloutir. Des cordillères de livres, de pages, de couvertures béantes. Des livres de toute taille, de tout genre. Certains étaient grossièrement troués, d'autres avaient été mouillés, et leurs couvertures ne se refermaient plus sur leurs pages gondolées, d'autres encore étaient salis, tachés de peinture, pliés, déchirés.

On se regardait, incrédules, nous demandant ce que tout cela voulait dire.

« C'est le pilon, dit l'un d'entre nous. C'est là que finissent les livres. Les livres invendus, les livres périmés, les ratés des imprimeries, les perdants, les mort-nés. On est dans le cimetière des livres. »

C'est donc ainsi que venaient s'échouer les ouvrages dont personne n'avait voulu, dont la consommation s'était détournée. Des livres qui n'avaient jamais été ouverts, jamais été saisis par des mains impatientes et curieuses, des livres qui ne seraient jamais lus. On éprouvait tous un sentiment de malaise face à ces milliers de livres vierges devenus déchets, et qui allaient retourner à l'état de papier, leur matière première.

Il y avait dans ce spectacle de livres éventrés et malmenés, dont la destruction avait commencé, quelque chose d'obscène, une incohérence dérangeante. J'avais l'impression confuse d'être dans un charnier. Nous nous sommes mis à fouiller dans ces tonnes de livres. Il s'en trouvait qui étaient encore intacts, et nous les sortions de cette fosse commune en caressant leur couverture épargnée, comme on sauve un oiseau blessé d'une marée noire. On s'est vite retrouvés avec des piles de livres que nous sommes allés entasser dans le coffre de la voiture. Quand celui-ci fut plein, nous sommes allés voir le veilleur de nuit et lui avons demandé l'autorisation de revenir un peu plus tard, quand nous aurions déposé notre cargaison quelque part. Il acquiesça d'un clin d'œil entendu. Trois quarts d'heure et un différend familial plus tard, nous étions de retour sous l'éclairage cru et sinistre de l'entrepôt. Et nous recommencions, les bras engagés jusqu'à l'épaule dans les amas de pages torturées, à tout retourner jusqu'à trouver des livres à sauver.

Nous avions pris l'habitude de revenir régulièrement. On accumulait les livres. On n'avait pas l'impression de voler. Personne n'avait voulu de ce papier qui ne se comptait désormais plus en plaisir mais en quintaux, et on n'en prélevait qu'une infime quantité, ce qui ne faisait guère de différence. Sauf pour nous qui avions le sentiment de troubler un drame, d'empêcher un absolu sacrifice, et accumulions chez nous ce qu'on considérait comme des objets nobles et beaux, mais tristement éphémères tant qu'ils n'appartiennent à personne.

On s'était mis à lire bien plus qu'avant, et on offrait des livres à tout le monde. Jusqu'au jour où deux vigiles ont remplacé le chien et l'ami qui fermait les yeux sur nos petits pillages nocturnes. Il nous a manqué, et on a continué à penser au pilon qui avalait tout, désormais bien gardé par deux cerbères. Et il me plaisait d'imaginer que le veilleur de nuit était devenu libraire.

Le paillasson

Il est resté longtemps derrière la porte. Il grattait tout doucement, comme un animal, il grattait le bois du bout des doigts, en gémissant des mots flous et en pleurant en silence. Il a dû rester là toute la nuit, debout devant cette porte, à la caresser dans l'obscurité en murmurant sa prière.

« Ouvre-moi. Ouvre-moi. Ouvre-moi… »

Le front appuyé contre le panneau de bois, à essayer d'entendre un avenir, son lendemain, il était une statue d'attente dans une marge d'espoir.

Et, à voix basse, il disait encore :

« Pardon. Pardon. Pardon. »

Il laissait couler ses larmes sans retenue, seul devant la porte et dans sa nuit, et les regardait disparaître dans le paillasson.

« Une dernière fois, une seule fois, c'est la dernière fois… »

Puis il s'est assis par terre, sur le paillasson qui avait mangé ses larmes, et il s'est dit qu'il devait lui écrire quelque chose qu'il glisserait sous la porte close. Comme il n'avait pas de papier, il a écrit sur sa carte grise et son permis de conduire. Sur des chèques, jusqu'au dernier du carnet. Et il a encore mis des petits mots sur des tickets de métro.

Il lui a parlé d'une douleur qui n'avait pas de nom, il lui a dit qu'il était prêt à tout, à n'importe quoi, même à ce qui n'existe pas encore, à ce qu'elle voudrait pourvu qu'elle le regarde encore. Il lui a écrit la passion, les cicatrices, l'oubli impossible, l'amour incurable. Il a promis, il lui a fait des serments pour la vie.

Il ne lui a dit que des choses banales et sans goût, à force d'être crachées dans tous les désespoirs du monde.

Il écrivait dans le noir sans voir les mots qui se recouvraient, se croisaient et se balafraient sur les papiers froissés. Il les retournait et continuait sur l'envers avant d'envoyer ces déchirures de chagrin sous la porte.

Quand il a eu fini de noircir au crayon tout ce qui pouvait l'être, il s'est agenouillé sur le paillasson. Et il est resté là jusqu'au lever du jour. Jusqu'à un bruit derrière la porte.

« Tu es là ?

— Oui.

— Ouvre-moi.

— Non. »

Il était toujours à genoux, les yeux fermés.

Il a sorti un pistolet de sa poche et l'a posé sur son cœur déjà mort d'avoir tant battu pour rien, pour un temps perdu qui ne s'est pas arrêté à sa porte, pour ces unissons de légende...

Et il s'est tué.

En mourant, il s'est recroquevillé sur le paillasson. Et son sang est passé sous la porte.

Elle était restée longtemps derrière la porte. Elle l'avait entendu respirer, pleurer, se calmer et recommencer.

Toute la nuit elle était restée derrière la porte sans la toucher. Elle avait laissé tous les petits messages à ses pieds. Elle avait attendu. Sans un bruit. Sans savoir pourquoi. Puis il lui avait parlé, et elle n'avait pas su faire le choix entre la preuve qu'elle avait toujours désirée et l'épreuve.

Quand elle l'a entendu armer le pistolet, elle n'a pas bougé, elle a pensé qu'il ne le ferait pas. On ne meurt pas pour une histoire de rien, pour une passade. Elle n'est pas du genre qu'on aime, mais de celui qu'on tire, elle le sait depuis toujours.

Et elle a vu le sang passer sous la porte et emporter tous les petits papiers noircis, lavés de rouge, avec son avenir et ses lendemains.

Les zonzons

Il était aux écoutes, il s'ennuyait. Ça faisait des heures qu'il ne se passait rien, sinon des coups de fil insignifiants et sans intérêt. Un rendez-vous de dentiste, un allô-comment-ça-va de la vieille mère en province, le gamin qui appelle pour dire qu'il rentrera un peu plus tard.

La commission rogatoire avait été délivrée dans le cadre de la surveillance de deux braqueurs et leur entourage. Des beaux mecs, comme il me l'avait dit, des costauds, des sévères, de ceux qui défouraillent facilement, sans que leur cœur ne batte plus vite. Des truands qui avaient déjà fait des années de prison, toujours actifs dans le milieu, et qu'on soupçonnait d'avoir un projet imminent.

Mais ce soir-là, comme la veille, rien. Que dalle ! Des bavardages sans mystère. À croire que les deux bandits s'étaient décidés à rentrer dans le rang. Ou à être extrêmement discrets.

Et puis vers minuit, il y a eu un appel. Une voix d'homme.

« Allô ?

— C'est moi. »

Enfin. C'est ce qu'il attendait, ce flic seul dans la nuit, seul aux zonzons dans cette salle sinistre, à se dire qu'il serait peut-être le premier à avoir l'information qui ferait que la machine se mettrait en marche derrière le flagrant délit.

« Ah, enfin, c'est toi.

— Je n'ai pas eu le temps d'appeler avant. Tu comprends, il fallait que je m'en occupe.

— Je sais. Mais tout de même, tu aurais pu téléphoner avant !

— Excuse-moi, mais ça a été plus dur que ce que je pensais.

— Je me suis fait un sang d'encre !

— Tais-toi, c'est justement...

— Alors ?

— Alors il est mort.

— Oh, merde...

— Je n'ai rien pu faire. Il respirait encore, mais il était très salement amoché. Il a perdu beaucoup de sang. Pas beau à voir.

— Avec ce qu'il s'est pris, ça ne m'étonne pas. Et merde... Ça me fait quelque chose.

— Et moi donc.

— Il était sympa comme tout, ce petit.

— Et intelligent, et pas bavard pour un sou. Un bon complice.

— Et merde, et merde. J'arrive pas à me faire à l'idée.

— Oui, mais il y a un problème maintenant.

— Quoi ?

— Je ne sais pas quoi en faire.

— Eh bien, il faut l'enterrer, et vite !

— Dans un trou ?

— Mais oui, abruti ! Dans un trou ! Tu fais un trou dans le jardin. Avec une pelle.

— Oui, mais je ne peux pas l'enterrer comme ça, ça ne se fait pas. Il faut que je le mette dans... je ne sais pas, moi… dans quelque chose. Une sorte de cercueil, non ?

— Et tu n'as rien qui peut servir de cercueil chez toi ?

— Je ne vois pas quoi…

— …

— …

— J'ai une idée !

— Dis-moi.

— Une boîte à œufs. Tu le mets dans une boîte à œufs.

— Ah, c'est pas con, ça.

— Un chaton, ça doit bien tenir dans une boîte à œufs.

— Surtout s'il est écrasé.

— Saloperie de bagnole. »

Et le flic, seul dans la nuit, seul aux zonzons, soupirait, soupirait…

Le danger communiste

Un dimanche en fin d'après-midi, nous venions de finir l'appel et nous étions prêts à partir chacun vers nos secteurs, quand soudain...

« Changement de programme ! Tout le monde en tenue de maintien de l'ordre, casque, bouclier, grande trique et tout le merdier, vite !

— Eh bien, que se passe-t-il ?

— Ce qui se passe ? Les élections municipales, voilà ce qui se passe. La mairie de C. vient d'appeler la salle de commandement, ils craignent des manifs, des rassemblements, des émeutes, une guerre civile, un conflit thermonucléaire peut-être, allez savoir !

— Et évidemment, il n'y avait plus que nous en effectifs disponibles...

— Voilà ! Ils nous veulent, ils nous réclament, ils exigent, ils ordonnent qu'on y soit rapidement. Les communistes ! Les communistes, qu'ils disent !

— Ils se sont enfermés, là ? Ils ont mis des herses ?

— Mais dépêchez-vous, bordel de merde, au lieu de dire des conneries, et toi, fonce au matériel récupérer les fusils lance-grenades et tout le tremblement ! »

Du coup, nous avons embarqué dans un gros car gris, sapés comme pour aller à la guerre.

« Quelqu'un a apporté un tarot ? »

Il était rare que nous soyons tous ensemble, on a rangé les boucliers, les casques et les sacs de grenades à côté de nous, et on s'est regardés en rigolant.

« Ce soir, on joue *Dans la peau d'un CRS*. Ha, ha ! »

Les rues étaient calmes, le car roulait en direction de la mairie, et on regardait vaguement s'il y avait quelque part sur les trottoirs, par hasard ou par chance, des agitateurs porteurs de banderoles et de tracts.

« La soirée va être longue… »

À mesure que nous approchions du centre-ville, nous nous sentions un peu déplacés dans notre car d'un autre âge, gris et grillagé. Jamais un dimanche n'avait été plus calme.

« C'est une feinte. L'armée rouge est cachée. Ils sont très forts ces communistes. »

Les passants vivaient leur dimanche, jour de scrutin, paisiblement, il n'y avait aucun signe de quoi que ce soit d'inquiétant, le rassemblement le plus important que nous ayons vu était composé de trois enfants échangeant des cartes Pokémon.

« Le communiste des Hauts-de-Seine est une bête furieuse, tout le monde sait ça. »

Après avoir fait trois fois le tour de la mairie et averti la salle de commandement ainsi que les deux gardiens de la paix îlotiers de faction que nous étions dans le coin, nous avons décidé d'aller patrouiller un peu plus loin, au cas où des émeutiers se tiendraient en embuscade, prêts à déferler sur la ville et à prendre la mairie d'assaut.

« Je commence à avoir la dalle, pas vous ? »

Nous avons poursuivi notre route jusqu'à une cité, aussi calme que les quartiers que nous venions de traverser. Il allait falloir attendre la fermeture des deux bureaux de vote, la fin du dépouillement des bulletins et l'annonce du résultat pour renoncer à voir une guerre éclater.

« Il nous faut une guerre. Ce soir. »

Alors, de guerre lasse, nous avons mis les casques. Nous avons baissé les vitres du car et sorti les matraques. Et tous ensemble, tout autour de la cité, nous avons brandi les *gommes à effacer le sourire* par les fenêtres et frappé la carrosserie du car en criant : « La Bourgogne aux escargots ! La Bourgogne aux escargots ! »

Après quoi, nous sommes allés garer le car derrière la mairie, et on a mangé des pizzas en restant aux aguets, attendant que fût proclamé le résultat de l'élection municipale.

Le nouveau maire était communiste, et on a pu rentrer à la maison.

La blessure

Noël ou jour de l'an, je ne me souviens pas. Ce n'était qu'un jour prétexte, un jour pour manger et boire, pour faire sauter des bouchons de champagne à la même heure que tout le monde, avec les mêmes cris de joie que tout le monde. Un jour pour se réunir, pour être heureux. Un jour pour s'inventer une famille.

Il faisait froid comme sur une carte postale givrée, mais les décorations de ce soir-là étaient les boules bleues de tous les jours qui envoient de longs éclairs circulaires et blafards. Les pères Noël étaient en bleu, portaient des gants noirs et avaient froid aux pieds.

Ce jour-là, on travaillait.

L'appel s'est déroulé comme d'habitude, nous équipions quatre voitures de patrouille. Le chef de brigade nous a glissé un « bonnes fêtes » aussi malicieux que peu convaincant en nous indiquant nos secteurs.

« Bonnes fêtes, chef. Vous rentrez chez vous ou vous nous attendez ?

— Vous rigolez ou quoi ? Je m'en vais dîner, là. Saumon et tout le tralala. Allez, bon kebab, les gars !

— Chef, vous êtes ignoble. Bon appétit et à demain. »

On a attendu qu'il ait quitté la salle, on a fermé la porte, il n'y avait plus un bruit dans tout le bâtiment, et on a éclaté de rire. On s'est frotté les mains, je voyais comme des étoiles dans les yeux de mes collègues.

« Bon, on y va ? On va lui faire sa fête. Vous êtes sûrs qu'il est chez lui ?

— Sûr et certain. Il n'a pas bougé depuis ce matin. On a vérifié, et sa voiture est sur son parking.

— Vous avez tout ce qu'il faut ?

— Oui. Le matos est réparti entre les voitures.

— Vous avez pensé à prendre des fringues civiles dans les sacs ?

— Évidemment. C'est pas le jour à se faire repérer.

— Terrible. On va le cueillir à froid. Il ne va pas s'y attendre. Il doit être comme un con devant sa télé. Allez, c'est parti ! »

On a quitté le sous-sol.

En sortant, on a croisé quelques collègues et on s'est composé des figures d'ennui et de lassitude de circonstance. La fête... On a rejoint nos voitures de service, et on a annoncé qu'on quittait la base et qu'on se dirigeait vers nos secteurs respectifs. On n'a pas bougé. Une police-secours est partie en trombe devant nous, et quand tout a été calme, nous avons avancé doucement, tous feux éteints, vers le parking souterrain où nous avons garé les voitures le moins en vue possible.

« C'est risqué quand même de laisser les voitures là... Si on nous appelle...

— Oui, mais c'est encore plus risqué d'aller dans sa cité pourrie avec les caisses de service. Avec nos voitures à nous, c'est plus discret.

— Putain de cité, c'est vrai. Cité Picasso, ça ne peut qu'être moche…

— Comment peut-on habiter là ? Faut le vouloir…

— Il ne l'a pas voulu, il lui fallait un rez-de-chaussée, vu ses activités. Il n'a pas eu le choix, il n'y avait que là. »

Je pense à la cité Picasso, et un frisson me parcourt.

On a vérifié qu'on avait tout ce qu'il fallait dans les coffres, on a enlevé nos ceinturons et matraques, on a replacé nos armes sur nous dans des étuis civils ou des holsters, et on a enfilé des blousons par-dessus nos uniformes. On s'est entassés dans deux voitures. Pour quitter le parking, on s'est cachés encore une fois, recroquevillés derrière les sièges, en passant non loin du planton, et on a filé vers la cité.

Là-bas, tout était sombre et sinistre comme chaque autre jour de l'année. De pauvres poubelles gisaient, renversées par des vents de rage, et quelques voitures reposaient sur leurs essieux rouillés. De nouveau, on a éteint les phares.

« Il ne faut pas qu'il puisse nous voir de sa fenêtre, sinon tout le plan est foutu.

— On va se garer côté rue, et on fera le tour du bâtiment. »

On a stationné les voitures sous un réverbère, et on a pris avec nous tout ce qu'on avait caché avec précaution dans les coffres.

« Plus un bruit jusqu'à sa porte maintenant. »

Sans un mot ni murmure échangé, nous nous sommes tous retrouvés devant cette porte à la peinture écaillée avec ce nom qu'on connaissait si bien sur la sonnette.

« Police ! Police ! Ouvrez ou on défonce tout ! »

La porte s'entrouvre.

« Merde, mais vous êtes dingues ou quoi ? Oh non ! C'est vous ? Mes amis, vous êtes tous là ? Vous êtes dingues, vous êtes des dingues ! Entrez, bande de dingues ! »

Il a fait une marche arrière avec son fauteuil roulant, et on s'est engouffrés chez lui. Et il a ri et on a ri. Puis on a sorti de nos sacs des bouteilles de champagne, du vin, des huîtres, des salades, des fruits, des glaces et des coupes en plastique. On lui a servi le vin doré, on a fait faire trois tours sur lui-même au fauteuil roulant, comme une toupie, et il en a envoyé des bulles de champagne partout. On a jeté des cacahuètes en l'air comme des confettis. Et on a mis le couvert, on s'est tous installés autour du festin, lui à la plus belle place, et nous, tout autour de lui. La radio posée sur la table nous racontait des fêtes qui tournent mal, ailleurs, loin de là. Et nous, on riait encore et on faisait comme si rien d'autre n'existait que lui et nous. Du coin de l'œil, je l'observais. La cambrure de ses mains trahissait l'aggravation de l'atteinte du système nerveux. Mais, alors même qu'il faisait tomber son verre, il avait l'air de s'en moquer, et on faisait pareil. On a parlé de tout, de rien et d'histoires drôles. On a vidé toutes les bouteilles.

Comme il avait l'air fatigué et qu'il était tard, on a commencé à faire un peu de ménage. J'ai poussé le fauteuil roulant jusqu'à la salle de bains, parce qu'on s'était aspergés de champagne et qu'il m'a demandé de l'aider à se laver les cheveux. On a encore ri dans les bulles de savon.

On l'a tous embrassé et on lui a dit au revoir. On a quitté son rez-de-chaussée en empruntant la rampe de béton rendue glissante par le gel, qu'il descendait et montait chaque jour pour se rendre aux quelques commerces d'en face. On est remontés en silence dans les voitures.

« Pourquoi tu pleures ?

— Je ne pleure pas.

— Si, tu pleures. Pourquoi tu pleures ?

— J'ai trop bu.

— C'est pas ça. Dis-moi…

— C'est la photo.

— Quelle photo ?

— Celle où il est en uniforme, juste avant le flingage…

— J'ai vu aussi.

Ça fait mal. Ça fait mal, merde.

— Je sais.

— À cet âge. Une rafale qui te coupe en deux la colonne vertébrale, c'est pas juste.

— Non, c'est pas juste.

— J'ai mal.

— Moi aussi, j'ai mal. Mais aujourd'hui, c'était la fête. »

La grosse dame

C'était au quatrième étage d'un immeuble modeste de la rue du Poteau. Il n'y avait pas d'ascenseur mais un escalier étroit qui desservait deux appartements par étage. Un escalier ancien, avec un vieux tapis tout râpé et défraîchi, et une jolie rampe en bois, lustrée par des générations de mains impatientes ou fatiguées.

L'appel était parvenu au standard, cette fin d'après-midi pluvieuse. Une voix faible, à peine audible, quelqu'un qui disait ne plus pouvoir bouger et qu'il fallait venir l'aider, avant de raccrocher. Nous avons ouvert la porte sans difficulté, et aussitôt une odeur nauséabonde a envahi le palier. L'appartement était sombre, les rideaux étaient tirés et aucune lumière n'était allumée.

« Je suis là », a dit une voix.

Nous sommes entrés et, après avoir franchi un minuscule vestibule, dans le salon, nous l'avons vue.

Elle était énorme. Incroyablement grosse.

Assise dans un fauteuil qu'elle recouvrait complètement de plis de chair comme autant de débordements inertes de son impossible corps, son visage simplement rond semblait émerger d'une gangue de graisse qui n'était pas vraiment elle.

Elle était épuisée. Depuis l'avant-veille, elle avait tenté en vain de se lever de son siège, et à force de prendre appui sur les accoudoirs qui avaient fini par céder, ses forces l'avaient abandonnée. Elle avait ainsi lutté contre elle-même, durant deux jours, simplement pour pouvoir se lever et faire au moins un pas. Et c'est quand, à leur tour, le courage et l'espoir l'avaient lâchée qu'elle s'était résignée à tendre la main vers le téléphone et appeler au secours.

Elle faisait bien plus de deux cents kilos, et elle s'était pissé et chié dessus. Elle n'avait de cesse de s'excuser, elle était terriblement gênée.

En attendant les pompiers, nous lui avons demandé si elle avait de la famille ou un proche à prévenir. Personne. Oh si, elle avait bien une fille, mais elle ne l'avait pas vue depuis des années. Depuis cette maladie qui l'avait horriblement transformée, ce cancer soigné à hautes doses de cortisone, ces dizaines de kilos contre un sursis aléatoire, et les regards qui se détournent ou s'attardent trop, et la famille qui espace ses visites, et les amis qui s'éloignent aussi... C'est ce qu'elle expliquait sans le dire tout à fait, pleine de délicatesse pour tous ces absents qu'elle excusait, entrecoupant ses phrases d'inspirations difficiles et rauques. Elle parlait d'eux de manière attendrie, les plaignant presque de leur infliger sa propre existence et s'appropriant leur honte.

À ce moment-là, c'était elle qui nous attendrissait, elle n'était face à nous qu'un immense tas inerte, de chagrin et de monstrueuse impuissance que nous partagions malgré nous, les bras ballants, à la regarder haleter. Nous nous sommes tous trois accroupis autour de son fauteuil, surmontant des haut-le-cœur et la pestilence de ses excréments, et lui tenant les mains, lui avons expliqué qu'elle allait être emmenée à l'hôpital, qu'on allait la requinquer, la soigner, qu'elle n'aurait qu'à se laisser dorloter, et qu'elle reviendrait chez elle sur ses deux pieds. Elle nous regardait tristement de ses yeux las et cernés, et elle me faisait penser à un énorme poisson hors de l'eau, cherchant un souffle pour encore une fois s'excuser d'une toute petite voix.

Les pompiers sont arrivés et ont posé le brancard au sol. Nous leur avons prêté main-forte pour dégager la dame de son fauteuil, la faire glisser et l'allonger tant bien que mal. D'un regard, nous sommes également convenus avec eux de les aider à la porter, en doublant le nombre de mains nécessaires de chaque côté. À peine avions-nous soulevé le brancard qu'il s'était brisé.

La femme était tombée avec le bruit sourd de sa tête heurtant le parquet et une douloureuse expiration. On ne savait plus comment s'excuser et, pour la forme, nous maudissions le matériel, la fonction publique et tout ce qui nous passait par la tête.

« C'est pas grave, c'est pas grave… », disait-elle, se frottant le crâne en grimaçant, et, désemparés, nous contemplions ce corps gigantesque, tout en vagues de graisse, répandu à nos pieds.

« Madame, pardonnez-nous, on aurait dû faire gaffe. Les pompiers ont appelé du renfort, on va nous apporter du matériel en bon état. Pardon, madame. »

Debout au-dessus d'elle, je voyais son visage à l'envers. Elle nous souriait.

« Mes pauvres petits, je vous en cause du souci... »

Et nous de protester...

« Mais non, voyons ! On est là pour ça ! »

Le nouveau brancard est arrivé, nous avons encore une fois soulevé la grosse dame et nous l'avons recouverte de son manteau et d'une couverture. Les deux battants de la porte d'entrée avaient été ouverts pour nous ménager un passage suffisant, et nous avons amorcé la descente de l'escalier. Ça a bien dû nous prendre une demi-heure. Nous étions en sueur, à chaque palier nous faisions une pause et changions de côté pour délasser nos mains endolories. Jamais un escalier ne nous avait paru aussi biscornu, jamais aucune marche ne nous avait semblé aussi haute. Arrivés au rez-de-chaussée, nous étions perclus de crampes, et c'était notre tour de manquer de souffle.

En franchissant les quelques mètres de trottoir qui nous séparaient du camion rouge, un des pompiers dérapa sur le bitume glissant de pluie et s'étala de tout son long en poussant un juron, tandis que son équipier, seul à la poignée du brancard, grognait sous l'effort. Après avoir pesté contre ces escaliers de vieux immeubles si malcommodes, nous accablions la voirie, la mairie et tous les services publics du monde, de laisser des trottoirs si dégueulasses qu'il en devenait dangereux de sortir de chez soi. Et la dame-baleine souriait franchement.

Nous avons hissé la civière dans le véhicule, et je suis restée à ses côtés, mes collègues devant nous rejoindre à l'hôpital. En chemin, elle était moins blême, elle me demandait si je n'avais pas froid tandis que je rajustais la couverture sur elle.

Arrivés aux urgences, un infirmier, franchissant la porte automatique à toute allure, se précipita vers nous en poussant devant lui son matériel habituel. Dès que nous avons ouvert les portes arrière, il a eu un regard médusé, a dit : « Hou là... » et est reparti en courant pour aussitôt revenir avec un grand lit à roulettes.

J'étais cramoisie de honte. J'aurais voulu que nous soyons tous énormes, obèses, impotents. Et soudain, j'ai entendu un grand rire derrière moi. Un rire clair, gai, léger.

C'était la grosse dame.

« Autant mettre un éléphant dans une soucoupe ! »

Elle riait à s'en étouffer, et nous avons ri avec elle.

Suicide

Des problèmes personnels, il en avait. Sa femme l'avait quitté. Elle disait qu'elle ne le voyait jamais, qu'ils se croisaient à longueur de jours et de semaines sans jamais vraiment se retrouver et qu'un jour ils ne se reconnaîtraient même plus... Quand il rentrait, elle dormait déjà, elle devait se lever tôt. « Tu n'es qu'un fantôme, lui disait-elle. Pire, tu es en train de devenir un souvenir... » Alors, un jour, elle était partie. Avec leur môme. Et le môme, il appelait l'autre « Papa ». Elle le laissait faire, elle disait que ce n'était pas grave, que ça lui passerait quand il comprendrait, qu'il était encore trop petit. Et l'autre, il le connaissait bien. Ils avaient travaillé ensemble quand il était arrivé à Paris quelques années auparavant, il était devenu un ami, et ils avaient souvent partagé un repas, un anniversaire, un réveillon. Il se sentait avec lui comme en famille. Sa femme aussi, mais ça, il ne l'avait pas compris.

Il avait aussi des problèmes d'argent. Il n'avait pas réalisé que la vie à Paris était si chère. Là-bas, chez lui, il avait une petite maison, un bout de jardin, et sa famille qui n'était pas loin. Sa mère gardait le petit quand ils allaient travailler, lui et sa femme. Il ne regardait pas l'heure, il savait la tendresse de sa mère, et que tout se passait bien.

Un jour, il a été licencié. La petite usine allait fermer, alors il a bien fallu qu'il change de métier ; dans cette région, il n'y avait plus rien pour lui. C'est ainsi qu'il était arrivé en banlieue parisienne, dans un petit appartement pour lequel il payait un loyer de château, disait-il. Il avait trouvé à grand-peine une nounou qui venait s'occuper de son fils à la maison, prête à effectuer n'importe quels horaires. Elle était adorable, mais ne voulait pas être déclarée. C'était cher, seulement il n'avait pas le choix. Le petit était tout sourire et commençait à parler le wolof aussi bien que le français. Lui, il aurait préféré le breton, mais ça le faisait tout de même rire.

À force de vouloir se refaire un cadre de vie joli et qu'aujourd'hui ressemble à hier, et d'acheter une voiture confortable pour emmener sa petite famille à la campagne, chez eux, il s'était endetté. Il avait eu une première saisie sur salaire et avait dû revendre la voiture. De toute façon, il n'avait plus personne à emmener sur les routes, plus personne avec qui chanter à tue-tête toutes vitres ouvertes, pour faire rire son petit.

Sa mère pleurait au téléphone : « Mais qu'as-tu donc fait pour qu'elle s'en aille ? N'étais-tu pas capable de prendre soin de ta famille ? Les reverrai-je un jour ? » Il ne savait pas quoi répondre. Il avait juste envie de dire que ce n'était pas sa faute, que le temps ne se mesure pas de la même façon pour tout le monde, que ses journées pourtant si longues, dont il ne connaissait jamais la fin, il ne les avait pas vues passer. Qu'il avait choisi cette vie-là.

Et son métier, c'est vrai qu'il l'aimait. Même si, comme les autres, il sentait une sorte d'étau se refermer sur lui, même s'il se disait qu'ils étaient de moins en moins des hommes, et chaque jour un peu plus des machines. Même si on ne les aimait pas, là où ils allaient. Qu'on leur crachait dessus. Même s'il fallait, chaque jour davantage, qu'il s'invente des histoires pour se convaincre qu'il servait à quelque chose.

Non, il n'avait que des problèmes personnels. C'est ce qu'on a dit.

Et pourtant… pourtant… Quand, un dimanche trop silencieux et solitaire, pour la première fois les larmes n'ont pu se tarir jusqu'au soir, qu'il a commencé à comprendre, et qu'il s'est enfermé dans sa chambre pour se tirer une balle dans la tête, il s'est mis en uniforme.

Making-of

Scène 1

« J'ai adoré votre livre. A-doooo-ré ! Tellement, tellement... émouvant. Et votre façon d'écrire, de raconter, de voir les choses... Tellement, tellement... humaine. Oui, humaine, c'est ça. Ce métier difficile... Mais humain, très humain... Pénible, oui... Comment faites-vous... Comment peut-on supporter cette misère... le pire de l'humain... la violence... la mort... Ça ne doit pas être facile tous les jours... rentrer chez soi le soir avec toutes ces images... être la cible de la critique, des médias... impopularité... mépris... éboueurs de la société comme vous dites, c'est vraiment ça... Fantastique. Et c'est très bien écrit, vraiment très bien écrit, c'est fou. On pleure, on rit, on pleure, on rit. Formidable. Une plume... du style... du rythme. Génial. J'adore.

Authenticité... Émotion... Humanité...

Les films standards... déjà vu et entendu... connaissent rien... pas authentique... pas crédible... manque quelque chose... Votre plume m'intéresse... Vraie plume... Vrai flic... idées... histoires... scénario. On peut se voir ? On se retrouve à la prod ? »

Scène 2

Paris. Je vérifie l'adresse sur mon bout de papier et je m'arrête devant l'immeuble. C'est bien là. Je passe devant une plaque dorée. « Production ». Je monte l'escalier. Tapis épais. Je sonne à une porte. Plaque dorée : « Production ». La porte s'ouvre. Affiches de cinéma sur les murs. Ambiance. Artiste.

« Bonjour, j'ai rendez-vous avec Truc.

— Vous êtes qui ? »

La secrétaire joue avec sa mèche de cheveux, faussement décoiffée, devant son Macintosh posé sur un bureau savamment désordonné.

« Bénédicte Desforges, auteur de *Flic, chroniques de la police ordinaire*, je suis peut-être un peu en retard.

— Bougez pas, j'appelle Truc. »

Elle part au bout du couloir en faisant bouger ses cheveux. En attendant, je regarde en biais ce qui traîne sur son bureau. Tasse de café vide, tasse de café à moitié pleine, logo sur les tasses, dossiers, logo de la prod sur les dossiers. Photos de tournage.

« Truc termine un coup de fil avec Los Angeles et il vient vous chercher.

— OK, merci. »

Elle se remet à son bureau et répond au téléphone.

« Blablabla... blablabla... Ha, ha, ha ! »

Des pas pressés dans le couloir. Jean délavé, chemise blanche, grand sourire.

« Bonjour, désolé de t'avoir fait attendre ! On va aller dans mon bureau. »

On se serre la main. Je le suis dans le couloir. Il fait bouger ses cheveux.

« Installe-toi. Tu veux un café ? Long ? Court ? Sucre ? Myriaaaaaaam ! Deux cafés ! Et qu'on ne me passe pas d'appels. »

Grand bureau. Grande fenêtre. Lumineux.

Canapé, fauteuils, affiches de films, logo.

Il s'assoit, pieds sur la table basse, croise les jambes, joue avec sa mèche. Cigare.

« C'est très sympa que tu sois venue.

— C'est moi qui te remercie de...

— Non, non, vraiment. Je te le redis, j'ai adoré ton livre. Adoré. Flic, quel boulot... »

La secrétaire apporte les cafés sur un plateau. Un téléphone sonne.

Elle quitte rapidement la pièce.

Le réalisateur arrive à son tour. On se salue.

« Tu n'as jamais pensé à travailler pour le cinéma ? Ça rapporte plus que l'édition, tu sais.

— Je n'ai pas eu vraiment le temps d'y penser, mais...

— Ah, mais tu devrais !

— Peut-être que je devrais, oui, non, je ne sais pas...

— Dis, on parle pas mal des flics en ce moment, il y a eu un suicide, je crois ?

— Non, neuf suicides. En un mois.

— Oh, putain !

— Oui, c'est... c'est moche.

— Des suicides par arme à feu ?

— Ça dépend. Pas forcément.

— Ah bon ?

— Eh bien, hier, c'est une jeune femme flic qui s'est jetée par la fenêtre. Avec son petit.

— Oh, putain !

— …

— Et ?

— Ils sont morts tous les deux.

— Oh, putaiiiiiiiin !

— C'est horrible. On ne comprend pas vraiment ce qui…

— Terrible !

— Oui, c'est terrible. En ce moment, il y a…

— Génial ! C'est génial !

— Quoi ?…

— Excellent !

— …

— Première scène d'un film ! J'adooore ! Putain, c'est tellement, tellement fort !

— Film ?

— Un film qui commence par un suicide, quoi ! La femme, son enfant, la fenêtre, c'est super !

— Mais…

— Oui, c'est exactement comme ça que je vois les choses. Caméra à l'épaule. Première scène. Suicide. La fenêtre. Les étages. Beaucoup d'étages. »

Saisie administrative

C'était l'été. Un orage se retenait d'exploser et expirait des bouffées de chaleur dans les rues étroites de la butte Montmartre. Sous la nuit lourde et poisseuse, les touristes s'appliquaient à trouver romantique l'atmosphère du vieux Paris défiguré. Ils regardaient les façades éclairées de discrets projecteurs à la façon de décors de cinéma et se disaient que les Parisiens avaient bien de la chance de fouler de si jolis pavés et de dîner sur des nappes à carreaux.

La très chrétienne basilique avait éteint ses cierges et fermé ses portes à la même heure que les musées. Au-delà des toits des vieux immeubles, elle ressemblait à une grosse meringue. À ses pieds, les mécréants africains, marchands du Temple des misères, vendaient à la sauvette tout un tas de bricoles d'inspiration exotique fabriquées à Aubervilliers.

Nous, on patrouillait à travers la foule. On avait pour mission de faire place nette aux promeneurs du soir et de faciliter le commerce autorisé. Les peintres et caricaturistes qui ne s'étaient pas acquittés de la taxe permettant de faire partie du cercle très fermé du Carré du Tertre nous craignaient. À notre vue, chevalet, pinceaux et fusains sous le bras, ils disparaissaient rapidement dans la foule. Je n'aimais pas les rattraper. J'avais une répugnance à faire le grand écart entre une délinquance qui détruit et ces menues plaies d'argent municipal et de passe-droits. Peut-être était-ce un parti pris de ma part, mais je trouvais à ces insoumis à l'impôt plus de talent qu'aux bedonnants déguisés en peintres d'antan, qui vendaient leurs croûtes devant chez Patachou.

Nous avions laissé la voiture derrière nous et avancions vers le parvis et le grand escalier, là où l'Afrique montmartroise et sans papiers tenait son petit marché illicite. Bracelets, colliers, éléphants en bois et foulards synthétiques, tous identiques d'un stand de fortune, à même le sol, à un autre.

Nous nous tenions au milieu des passants, et les vendeurs ne nous apercevaient qu'à l'instant où nous étions à quelques mètres d'eux. Ce soir-là comme les autres soirs, d'un même geste, ils ont tous attrapé les quatre coins des pièces de tissu sur lesquelles était disposé leur petit bazar et ont déguerpi à toutes jambes vers les escaliers et les jardins de la Butte. Mais, ce soir-là, on n'a pas couru. Il faisait trop chaud, on avait la gorge sèche et la chemise trempée de sueur. Sans bouger, on les a regardés filer, avec leur baluchon bariolé sur le dos. La fin de service était proche. Ils allaient s'installer au pied des escaliers, près du manège, et ce serait l'affaire de la brigade de nuit, s'ils avaient envie de s'exercer au sprint.

Une glacière était restée au milieu du parvis. Une glacière bleue et sans couvercle, abandonnée dans sa fuite par un vendeur. Elle contenait huit canettes de bière et de Coca-Cola destinées à être vendues bien moins cher que dans les bistros alentour. On l'a ramassée, et on est allés récupérer la voiture. J'ai ouvert une canette de Coca, il était tiède, imbuvable, je l'ai jetée dans une poubelle. Et on est rentrés au commissariat.

J'ai transmis des consignes à l'officier de la nuit, et j'ai dit à mes deux équipiers qu'ils pouvaient rentrer chez eux. J'avais hâte de me changer et d'aller renaître sous une douche froide. Mais il y avait cette glacière et un imprimé de saisie à remplir... Je n'avais pas d'imprimés, et plus de courage. J'ai rangé les quelques canettes dans le réfrigérateur de la brigade, et je suis partie.

Le lendemain, le patron m'a fait venir dans son bureau.

« Hier soir, vous étiez sur le secteur Montmartre, m'a-t-on dit.

— Oui, monsieur.

— Avez-vous saisi une glacière pleine de boissons ?

— Non. Je ne vois pas de quoi vous parlez.

— Vous ne voyez pas...

— Non. »

Je me suis dépêchée d'aller à l'appel de ma brigade, c'était l'heure.

Un capitaine attendait, une feuille à la main. D'une voix lente, il a énuméré les noms de tous ceux qui étaient convoqués à l'IGS le lendemain. Tous ceux qui étaient présents la veille au soir.

« Je vous laisse avec votre officier », a-t-il dit en quittant le poste.

Je leur faisais face, je me suis obligée à ne pas baisser les yeux. J'ai regardé le mur derrière eux, là où il y avait une vieille carte de l'arrondissement. Puis j'ai vu le panneau d'affichage syndical et j'ai compris. J'ai compris qui m'avait balancée. Ça faisait longtemps qu'il guettait un faux pas de ma part, une petite bavure à rapporter à son temple syndical et à son gourou. Il avait reçu cette consigne en échange d'une attention particulière portée à son dossier de mutation.

Le lendemain, les gardiens de la paix de ma brigade sont allés à l'IGS, et on leur a posé la question. Mais ils ont dit qu'ils n'avaient rien vu, qu'ils ne comprenaient pas de quoi on leur parlait.

Personne n'avait rien vu. Alors personne n'a rien dit. Pas un seul n'a parlé.

Et pourtant, je l'ai fait. C'était un vol. L'IGS a bien dit que c'était un vol...

Lettre au brigadier F.

Brigadier,

Je vous dois un aveu. Je n'ai jamais osé vous le dire, les autres non plus d'ailleurs, mais si quelqu'un vous en avait parlé, plus rien n'aurait été pareil.

Il fallait que vous ne le sachiez pas. Jamais. Ce qu'on faisait dans votre dos. À votre insu. En fait, il n'y avait bien que vous à ne rien savoir de notre trafic, à demi-mot et par clins d'œil, à voix basse, avec des rires étouffés, toujours derrière vous, mais jamais loin de vous.

Échangés clandestinement dans les vestiaires, en fin de service, ou dans un car de police-secours tout simplement, pliés en quatre, ils passaient de main en main, de poche en poche, subtilisés, détournés, et ensuite discrètement rangés, dans le vrac ou la chronologie, avant d'être de nouveau montrés et partagés.

Brigadier, il faut que je vous le dise, sans plus attendre. Que je confesse ce secret. Je n'en suis pas particulièrement fière.

Nous avons passé des mois, des années, à photocopier vos rapports d'intervention et à les collectionner.

« Tu as celui du 15 avril ? Tu sais, l'incendie avec deux morts...

— Oui, je l'ai. Tu ne l'as pas ? Dommage pour toi, collègue. Un grand moment de bonheur, cet incendie.

— Fais-moi une photocopie, déconne pas, et je te filerai les constatations d'accident du mois dernier, celui de la porte de Clignancourt.

— Tu as réussi à l'avoir, celui-là ? Fantastique, c'est une rareté, ça fait des jours que je le cherche ! »

Voilà, brigadier, ça se passait comme ça. Vous écriviez, nous vous lisions, nous voulions vous relire, vous donner à lire et nous archivions. Une véritable manie, vous dis-je. Et contagieuse à la mesure du nombre de vos lecteurs.

Et ce soir, ils sont tous là, vos rapports, ici, sous mes yeux, les plus anciens sont dactylographiés. Je les avais tous conservés dans une chemise en papier, vous savez, ces dossiers jaunâtres, la couleur dominante de l'administration, ce jaune pisseux comme les murs des couloirs de la préfecture.

Je les ai retrouvés vos rapports, brigadier, et ils m'émeuvent.

Je les lis, et j'en ris et j'en pleure en même temps. Je fais attention quand même, pas de larmes sur les copies carbone, ça les effacerait.

J'en pleure parce que ces rapports de vos interventions, vos affaires sans suite, vos comptes rendus, ils sont vieux comme mon passé de flic, et que j'y ai retrouvé bien du monde. Des noms, des mots, des heures de nos vies qui avaient dû se fossiliser dans un coin perdu de ma mémoire.

Et surtout, il y a votre style, brigadier, votre style inimitable et magistral. Votre plume de poète, celle qui s'obligeait à rendre compte de tout, d'absolument tout, et pour de vrai. Trop pour un rapport administratif dont le format et les habitudes minimalistes, dans le fond et dans la forme, explosaient de la densité de vos émotions traduites et de vos mots inattendus mais si précisément choisis, vos phrases merveilleusement tournées, sans fautes et avec une maîtrise hors norme de la langue française.

Mais dans un style... si peu policier.

Brigadier, peut-être vous rappelez-vous qu'un jour, vous avez rendu compte d'une *escarmouche de mots ubuesque entre agents hospitaliers et fonctionnaires de police* à propos d'une clocharde qui ne pouvait rentrer seule chez elle parce qu'elle était pieds nus. Vous aviez indiqué en objet du rapport *des jeux de massacre sur le compte de l'humanité pour une fin inavouable de rentabilité hospitalière*. Tout était dit.

Une autre fois, ailleurs, vous avez dit au passé simple avoir été *accueilli par des gestes inélégants, sinon rustres*, et vous étiez choqué de l'allure d'adjudant plastronnant devant ses ouailles d'une femme qui vous avait demandé votre matricule et *menacé de tracasseries*.

Vos mots désuets étaient un régal, une leçon même. Vous ne disiez pas avoir été insulté, mais *avoir eu affaire à quelqu'un de fort mauvaise volonté, qui déclamait à l'aide d'une terminologie particulière aux bas quartiers*. Sous votre plume, le banc de la police-secours devenait une *moleskine*. *Une finesse d'action et d'effet de scène* était une tentative de rébellion. Savoureux aussi quand vous interpelliez : *En l'abordant avec les réflexes de gens rompus à ce genre d'exercice, ce personnage au comportement sujet à équivoques nous a apostrophés en ces termes : « Qu'est-ce que vous venez me faire chier, etc. »*

Comprenez-nous, brigadier, il nous fallait garder des échantillons de votre prose. C'était trop rare, c'était trop beau.

Et ce *spectacle d'un autre monde*, cette *vieille aux ongles en deuil, seule dans sa pestilence, vêtue de haillons, hirsute, fagotée d'un reste de dignité*... avec vous, elle redevenait splendide.

Vous aimiez l'humain avec un grand H, brigadier, je l'ai vite compris, et vous étiez un tendre, déclinant le respect aux temps rares de la conjugaison et attentif au bien-être de vos effectifs. Et là encore, vous n'hésitiez pas à prendre la plume. Vous usiez de mots forts, imparables, de ceux qui faisaient réfléchir après l'étonnement, vous parliez d'*humanité*, de *service public* et d'*intérêt commun* pour un oui ou pour un non, vous en appeliez à la *responsabilité de la hiérarchie*, vous mettiez toujours des majuscules à *Gardien de la Paix* à propos desquels vous écriviez qu'ils portaient *l'héritage d'une situation hybride*, et que *leurs missions n'étaient pas une sinécure.*

Brigadier, votre plus belle conclusion de rapport, contresigné par moi sans aucune hésitation, fut certainement celle-ci : *Si telle est la volonté* (e la nave va), *ne nous demandons pas ensuite pourquoi le* Torrey Canyon *s'écrase sur les côtes bretonnes. Le peu d'intérêt que nous portons aux nôtres se mesure à l'aune de ce détail.*

J'ai moi aussi tenté un mode expérimental de rédaction des rapports administratifs, et j'ai bien pensé à vous. J'ai raccourci les formules coutumières et supprimé les révérences, j'ai soigné le contenu jusqu'à l'enflure rhétorique comme pour en faire une sorte d'assommoir à chefs.

Un jour, alors que j'appelais au secours, que plus rien n'allait droit autour de moi, j'ai écrit qu'*en regard du service où j'étais affectée,* Police Academy *faisait figure de tragédie grecque.* Et j'ai transmis la chose au préfet de police.

J'ai été mutée sans ménagement dans la semaine qui a suivi. « Dans l'intérêt du service », ont-ils écrit sur l'arrêté...

Brigadier, nous avons eu en commun l'amour des mots, et la facétie de la métamorphose des formules et formulaires. Nous avons connu le pouvoir plus ou moins heureux des mots. Et on n'a pas toujours eu *l'honneur de...*

Les paroles s'envolent souvent, c'est leur lot, mais vos écrits sont restés, solides et définitifs sur du vrai papier. Et j'ai été fière et comblée d'être votre officier.

Photo de famille

Penchés au-dessus de la photo, on regarde notre alignement aléatoire et nos jeunes sourires. On se cherche, on se retrouve, on se reconnaît. On est tous là.

On est serrés les uns contre les autres, nos épaules se touchent, il y a des bras dessus, des bras dessous, et des amitiés enlacées. Nos uniformes sont neufs et fiers. Nous aussi.

C'était il y a des années.

« Lui, qu'est-ce qu'il est devenu ?

— Lui ? Il n'est pas resté longtemps chez nous. Il a passé le concours et il est devenu juge d'instruction.

— Et lui ?

— Concours aussi. Il est commissaire. Dans une brigade centrale.

— Et lui ?

— Au moins commandant aujourd'hui.

— Et elle ?

— Brigadier-chef à l'école de police. Un retour aux sources.

— Et lui ?

— Lui, il s'est marié avec elle, que tu vois là. Et ils travaillent ensemble.

— Et lui ?

— Muté chez lui, dans le Sud.

— Je m'en souviens maintenant, il ne parlait que de ça, de sa jolie maison dans une petite ville tranquille près de la mer.

— Il a fait plus de dix ans en Seine-Saint-Denis. Et le premier soir de sa première vacation là-bas, sous le soleil, dans le chant des cigales, il se rend sur un différend familial et il se prend un coup de couteau dans le ventre. Il a failli y rester.

— Et lui ?

— Permanent syndical, franc-maçon et engagé politiquement.

— Une vraie carrière de flic, quoi... Et lui ?

— Ah, lui, il va très bien. Enfin, beaucoup mieux. Il s'est plutôt bien remis de la balle qu'il a reçue dans la tête sur un braquage.

— Et lui ?

— Il a démissionné. Je ne sais pas ce qu'il est devenu.

— Et lui ?

— Révoqué. Il a collé une baffe à un type qui venait d'agresser une vieille.

— Révoqué ?

— Oui. L'agresseur était mineur. Un mètre quatre-vingt-cinq, quatre-vingts kilos de muscles, mais mineur. Et mâchoire cassée.

— Et elle ?

— Révoquée aussi. Film de boules. En uniforme. L'IGS n'a pas trouvé ça excitant.

— Et lui ?

— Alors lui, je ne sais pas ce qu'il a fait, mais il est sous-brigadier au long cours dans un placard. Et dépressif, paraît-il.

— Et lui ?

— Mort dans un accident de voiture.
— Et lui ?
— Suicidé.
— Et lui ?
— Il a flingué sa femme et il s'est suicidé.
— Et toi ?
— Moi, ça va bien ! Et toi ?
— Je ne sais plus. »

Article 13

Ça m'est revenu en quittant le ministère de l'Intérieur une fin d'après-midi.

J'y étais allée afin de rapporter un dossier de candidature pour l'accès au grade de capitaine, que j'avais reçu un vendredi. La date limite étant le lundi suivant, je n'avais pas d'autre choix que d'oublier la poste et de le rapporter moi-même, rapidement, tout en me disant que si l'administration avait voulu que je ne fasse pas partie de la liste, elle n'aurait pas pu mieux s'y prendre.

J'ai reçu un accueil conforme à ce que j'attendais. Froid.

« Vous allez donc mettre fin à votre disponibilité ?

— Oui.

— Demandez-vous à rejoindre une autre direction d'emploi ?

— Non.

— Vous ferez un rapport dans les délais réglementaires, mais le plus tôt possible sera le mieux.

— On m'attend au tournant.

— Bien sûr que oui.

— Mais comment le savez-vous ?

— J'ai vu votre dossier. »

Je n'ai rien demandé. Je n'ai pas demandé à voir mon dossier. Il y a quelques années, je l'avais fait, et on m'avait mis entre les mains quelques documents totalement inintéressants et formels. Des arrêtés de titularisation, d'affectation, mes notations annuelles et un amusant bulletin de retard tout droit venu de ma préhistoire à l'école de gardiens de la paix, peut-être le présage d'une carrière indigeste. Ce jour-là, j'avais été absente toute la matinée, dans l'impossibilité d'être à la fois en cours et la tête dans les chiottes en train de dégueuler les derniers morceaux d'une intoxication alimentaire attrapée dans une des cantines de la préfecture de police, affectueusement appelée *Le Rat mort*. Voilà de quoi était fait mon dossier officiel. L'autre, le dossier qui dit tout, on m'avait fait comprendre que je ne pourrais pas le voir, à défaut de disposer d'un treuil pour le sortir du placard où il était rangé et où, accessoirement, il aurait été de bon ton que je le rejoigne. Plus sérieusement, on m'avait dit qu'il n'y en avait pas d'autre.

Depuis plusieurs années, quand quelqu'un évoque mon dossier, j'ai le sentiment qu'on me parle d'un casier judiciaire sans espoir de prescription, dont je ne connais pas le contenu, et qui m'accuse.

J'ai laissé dans un bureau du ministère des formulaires signés de mon intention de revenir à la maison, et je suis sortie à l'air libre. Le planton m'a dit qu'on avait de la chance, qu'il faisait beau, et je lui ai répondu qu'il faisait meilleur dehors que dedans.

Je suis repartie vers les quais de la Seine avec une boule d'angoisse aux alentours du cœur, une sorte de vertige qui ne m'était pas inconnu, comme une lame de fond acide qui va faire mal à la mémoire l'instant suivant.

Ça m'est revenu avec la brutalité d'un coup du passé qu'on avait pourtant pris soin d'étouffer et de laisser à l'écart, et qui, sans crier gare, arrache toutes les barrières du refoulement. Et qui vient me surprendre, là, ce jour-là, à quelques mètres d'un planton qui s'emmerde devant un ministère après vingt-cinq ans de carrière. Qui vient trouver un écho dans mon présent d'amnésique et grincer qu'il n'y a pas d'oubli. Un oppressant sentiment de tristesse et d'échec, qui colle à mon insignifiante histoire de flic et à mes résistances dérisoires face à des tracas qui n'ont fait de tort qu'à moi. Et n'ont servi à rien.

C'était il y a longtemps, pourtant.

J'ai signé en bas d'une feuille que j'avais pris connaissance de ma mutation. J'ai signé que je m'en allais et qu'aucune obstination, aussi juste et légitime soit-elle, n'aurait gain de cause face à la machine. J'ai signé et accepté, malgré moi, que mieux vaut une petite injustice qu'un désordre. J'ai signé que, dans tout ça, je n'étais rien. J'étais juste un matricule à six chiffres.

J'ai signé l'application de l'article 13 d'un vieux décret de 1968 qui dit simplement, évasivement, sans peser ses mots, que « *le fonctionnaire des services actifs peut, lorsque l'intérêt du service l'exige, être déplacé ou changé d'emploi* ».

Je demandais : « Pourquoi ? Mais qu'est-ce que j'ai fait pour mériter ça ? » On me répondait invariablement. « Vous le savez très bien. »

Mais je n'en savais rien.

J'ai demandé à passer en conseil de discipline, je voulais qu'on m'explique et pouvoir me défendre, je voulais la vérité. Mais comme je n'avais pas commis de faute professionnelle, ça n'a pas été accepté. Je suis donc partie dans l'intérêt du service.

Je ne suis pas allée très loin. L'arrondissement d'à côté. D'un point de vue autre que le mien, cette mutation ne semblait pas être une sanction bien méchante.

J'ai été accueillie là-bas par un capitaine. Il m'a dit : « Je vais te montrer ton bureau », et on est montés dans l'ascenseur. Auparavant, je n'avais pas de bureau à moi, on partageait tous le même, et mon armoire était une malle en fer cadenassée, posée par terre.

On est entrés dans ce bureau, je me suis approchée de la fenêtre, j'ai un peu poussé le rideau et, je ne suis pas parvenue à m'en empêcher, j'ai chialé comme jamais je ne l'avais fait devant un inconnu. Il a posé la main sur mon épaule, c'était tendre mais cruel aussi, et il est sorti de la pièce.

Je continuais à regarder par la fenêtre. J'étais bien sur l'arrondissement d'à côté. Je voyais des gens marcher sur les trottoirs, presque les mêmes qu'avant, j'apercevais aussi les gyrophares sur les toits des voitures garées devant le bâtiment. Mais j'étais à trois étages au-dessus de la rue. Plus rien ne serait jamais pareil, ce jour-là, je l'ai compris. Quelque chose venait de finir.

J'ai ouvert ma malle en fer cabossée, il y avait dedans toutes sortes de documentations, leurs mises à jour, mes rapports d'intervention et ceux de ma brigade. Ma brigade, à qui je n'ai pas pu dire au revoir ce matin-là, à 6 h 30, pour faire comme si de rien n'était, comme si ça devait continuer toujours. Alors que c'était mon dernier appel, et que je le savais déjà.

J'ai regardé mon travail inachevé et j'ai rangé ce qui ne me servirait plus.

J'ai rangé un flic, je l'ai enterré sous un tas de rêves.

Et j'ai refermé la malle pour les faire taire.

Police, mon amour

J'étais jeune quand j'ai eu envie de toi. À peine plus de vingt ans. Je n'ai pas hésité longtemps, et j'ai tout laissé tomber pour toi. Je ne pensais qu'à toi et n'espérais que de toi. Tu étais déjà tout, avant même que je te connaisse. Tout de toi me séduisait. Je n'étais qu'impatience… Et je t'ai tout donné.

Je ne parlais que de toi, je ne pensais que par toi. Il n'y avait plus de place pour quoi que ce soit d'autre, il n'y avait plus de place pour personne. Ceux qui ne t'aimaient pas comme je t'aimais sortaient de ma vie, même s'ils y étaient installés depuis bien plus longtemps que toi.

Je t'ai tout donné et tu m'as tout pris.

Mais j'étais consentante. J'étais toi, et tu étais mon identité. Tu étais ma façon de vivre et d'être. Toi et moi, ce n'était pas une rencontre, mais cent mille rencontres.

Mieux que le bonheur et la paix, tu étais sous un seul mot tous les savoirs et tous les sentiments. Police.

Tu as été ma famille et ma maison. Tu as été mon temps qui passe, aussi. Ça s'appelle un bout de vie, je crois…

Tu m'as fait grandir et, sans me laisser d'autre choix, tu m'as ouvert les yeux sur les autres et le monde. Tu étais la fenêtre la plus rare qui soit sur la vie, ce théâtre infernal où tu m'as donné un rôle.

J'ai aimé ça, j'en redemandais chaque jour encore plus.

Tu as été mon plus beau refuge. Et mon pire ennemi.

Peu à peu, tu as changé mon paysage, je ne devais y voir que ce qu'il fallait y voir. Je n'avais jamais voulu ni le calme, ni la paix, ni toutes ces choses dont les gens disent que ça les rend heureux, mais sans un peu d'insouciance, sans un peu d'air entre nous pour respirer, l'expérience de toi devient envahissante et si lourde à porter.

Pour une vie bien plus qu'un métier, tu n'as guère eu de reconnaissance. Mais je t'avais peut-être trop donné pour que tu me rendes si peu.

Pire, tu as fini par trahir et tromper. Mais c'est sans doute moi qui te voyais autrement.

Toi et moi, ça aurait pu durer des années encore, mais je me suis éloignée, et aujourd'hui je ne suis pas sûre de pouvoir te retrouver. Tu n'as pas besoin de moi. Comme on dit, je ne suis, pareille aux autres, qu'un matricule. Mais ce petit numéro à six chiffres ne regrette rien, et a toujours fait au mieux entre ton exigence, tes contraintes et celles d'un monde dont on a la charge. Entre l'ingratitude et le mépris.

Je laisse la rue, et je laisse mes collègues où ils sont. Avec ces souvenirs qui ont des trous noirs à la place des yeux. La seule façon de les retrouver une dernière fois était de les raconter.

C'est fait maintenant. J'ai mal de me dire que c'est peut-être fini.

Tu me manques tant. Toi et tous.

Si je ne suis plus flic, je ne suis plus grand-chose, c'est idiot, mais c'est comme ça.

Table

Les Anciens 11
La patrouille 15
Son truc en plumes 19
Vingt-deux 21
La boîte de thon 23
Le local à poubelles 27
Train de banlieue 33
La fleur de bitume 37
Patrouille de filles 41
Ma petite pute 45
Acharnement thérapeutique 49
Travailler, c'est trop dur 55
L'accident 59
Vol de nuit 63
L'escorte du roi 67
Le témoin 69
Métro, c'est trop 71
Le père, le chat et la salope 75
Qu'est-ce qu'on rigole... 79
Le voleur de voiture 83
La petite fille sur une bicyclette 87
Bar de nuit 93
Le barbare et l'ivrogne 95
On peut toujours s'entendre 101

Constat à l'amiable 105
L'instant 111
Le risque 113
A86 117
Orly 121
Des motos et des avions 125
Le commandant 129
Tox 133
Le tam-tam 137
Khadidja 141
Petit massacre oublié 145
La routine 149
Sur une route nationale 155
Fascination et cruauté 157
Poème à un flic 161
La police-secours 163
Uzi 167
Le chien 171
Courage et dévouement 177
La démission 179
Le pilon 183
Le paillasson 189
Les zonzons 193
Le danger communiste 197
La blessure 201
La grosse dame 207
Suicide 213
Making-of 217
Saisie administrative 221
Lettre au brigadier F. 225
Photo de famille 231
Article 13 235
Police, mon amour 241

9500

Composition
NORD COMPO

Achevé d'imprimer en Espagne
par ROSÉS
le 9 février 2011.

Dépôt légal : février 2011
EAN 9782290028407

EDITIONS J'AI LU
87, quai Panhard et Levassor, 75013 Paris

Diffusion France et étranger : Flammarion